名著ではじめる哲学入門

萱野稔人 Kayano Toshihito

NHK出版新書
633

はじめに

哲学の入門書にはすでに数多くのものが存在します。私もこれまでさまざまな入門書を読んできました。

ただ、困ったことに、哲学の入門書を読んでもその先に進むことは容易ではありません。哲学の入門書を読んだときはその内容を理解したつもりになっても、いざカントやハイデガーといった哲学者の著作を読んでみると、何が論じられているのかさっぱりわからない、ということがよくあるのです。

これは、哲学の入門書を読むことと哲学者の著作を読むことのあいだに深い溝があることを示しています。せっかく哲学に関心をもったのに、哲学者たちの著作をまえに挫折してしまう人が後を絶たないのはとても残念なことです。

そうした溝を少しでも埋めることが本書の目的です。

タイトルにあるように本書も哲学の入門書です。ただ、本書が他の入門書と違うのは、本書が哲学史における名著の数々からその重要箇所を引用し、それをどう読み解けばいいのかを説明することで、哲学への理解を深めていこうとする点です。

事実、多くの入門書ではそれぞれの哲学者がどのようなことを考えていたのかという概要は説明されても、その哲学者たちの著作をどう読み解けばいいのかが説明されることはありません。これに対して本書では、それぞれの哲学者の考えを把握するために、その著作の一節を実際に読み解いていくことが中心的な内容となっています。

これによって読者は、哲学者たちの著作を読むという経験を重ねることができると同時に、単に入門書で哲学者たちの考えの概要が説明されるときよりも的確に、またより突っ込んで、その考えを理解することができるでしょう。

本書で引用する名著の選定にあたっては次のことを重視しました。それは、現代の哲学界や人文思想系の論壇でよく言及されたり議論されたりする哲学書や論点を選ぶということです。一般的な哲学史の教科書ではあまり取り上げられることのない哲学者でも本書で取り上げられているのはそのためです。政治にかかわる論点が比較的多いのもそのためです。

なぜこうした選定にしたのかといえば、それはできるだけアクチュアルな議論をつうじて哲学を理解するためです。哲学のもとで現在どのような議論がなされているのか、哲学をいかにアクチュアルな議論に活用していくのか、それを示すことも本書のねらいの一つです。

名著ではじめる哲学入門　目次

哲学とは何か

哲学とは何か❶　**起成原因**

スピノザ

『スピノザ往復書簡集』

独自の形而上学体系を構築して後世の思想に大きな影響を与えたオランダの哲学者スピノザ（一六三二〜七七）が、自らの哲学をめぐり友人・門弟と交わした書簡集。その思想や人柄、また当時の時代状況を理解するための貴重な資料である。

私たちはしばしば「……とは何か」と考えることがあります。たとえば熱烈な恋愛を経て結婚したにもかかわらず結局離婚することになった人は「結婚とは何か」と考えるかもしれません。ひどい親をもったおかげで苦労した人は「家族とは何なのか」と考えることもあるでしょう。仕事や人生に行き詰まっている人は「働くとはどういうことか」「生きるとはどういうことか」「人生とは何か」などと考えるかもしれません。

こうした「……とは何か」という問いはきわめて哲学的な問いです。「人生とは何か、生きるとはどういうことか」という問いなんてまさに哲学っぽいですよね。もちろん学問としての哲学では、こうした人生論的な問いにとどまらず、「貨幣とは何か」「法とは何か」「人間とは何か」といった理論的な問いも取り上げられます。とはいえ、どちらにおいても「……とは何か」という問いのかたちは変わりません。「……とは何か」という問いこそ、哲学を哲学たらしめている究極的な問いだとすら言ってもいいでしょう。

この「……とは何か」という問いは、少し角度を変えてみると、対象となるものの概念、あるいは定義を問うている問いだと考えることができます。たとえば「人生とは何か」という問いは、人生というものの概念（人生とは何かという概念）を問うているわけですよね。あるいは「法とは何か」と問うことは、法というものの定義（法とは何かという定義）を概念的に考えるということです。もし「……とは何か」という問いが哲学にとっての究極的な問いであるならば、哲学とはものごとを概念的にとらえる知的営みだと考えることができるでしょう。

一七世紀オランダの哲学者スピノザは、こうした「……とは何か」という問いについて、その問いの答えは対象となっているものの「起成原因」を表現していなくてはならないと考えました。たとえば「法とは何か」という問いの答えは法の「起成原因」をあらわしていなくてはならない、ということです。とはいえ「起成原因」というのは耳慣れない言葉です。どういったものなのでしょうか。スピノザは次のように述べています。

ところで、物に関する多くの観念のうちのどの観念から対象（subjectum）のすべ

ての特質が導かれ得るかを知り得るためには、私はただ次の一事を念頭に置きます。それは、物に関する観念乃至定義はその起成原因（causa efficiens）を表現せねばならぬということです。

（畠中尚志訳、岩波文庫）

引用文では「起成原因」について「物に関する多くの観念のうち」「対象のすべての特質が導かれ得る」観念だと説明されています。しかしこれだけでは何のことかさっぱりわかりません。

私たちは通常、ものごとの原因を考えるとき、機械論的な因果関係でそれを考えています。たとえば地面に置いてあるボールを子どもが蹴って、ボールが転がっていったとしましょう。そのとき私たちは、ボールが転がっていったのは「子どもがそれを蹴ったからだ」と考えますよね。つまり、「子どもの足によってボールに加えられた力」を、ボールが転がったことの原因だと考えるのです。

もちろんそう考えることはまちがっていません。しかしスピノザが考える起成原因はこれとは違います。たとえば子どもが蹴ったのがボールではなく、ごつごつとした大きな岩だったらどうでしょうか。それは転がってはいきませんよね。ボールが転がっていくのは、そもそもボールが丸くて軽く、弾力があるという性質をもっているからです。そうし

ボールが転がった「原因」は?

た性質があるからこそ、「ボールを蹴る↓転がる」という機械論的な因果関係もなりたつのです。スピノザのいう起成原因とは、まさにそうしたボールの性質をなりたたせている原因（「対象のすべての特質が導かれ得る」原因）のことです。

言いかえるなら、起成原因とはものをそのように存在させている原因にほかなりません。ボールについていえば、人間がそれをそのように製造したということだけにとどまらず、そもそもゴムなどの弾力をもつ物質が地球上に存在するということも、そして硬い地表があり重力が作用しているということも、ボールの起成原因となります。

こうした起成原因こそ、「……とは何

か」という問いにおいて考えるべきものだとスピノザは主張します。とりわけ哲学的にものごとをとらえるためには、起成原因にどこまで着目できるかがカギとなります。

例として「国家とは何か」という問いを取り上げましょう。「国家とは何か」という定義を得るために辞書や教科書などをみると、よく「領土、国民、主権からなる政治社会」などと書いてありますよね。しかしこれでは十分にその起成原因をとらえたものとはいえません。というのも、領土も国民も主権も、国家が存在するからこそ存在するものだからです。つまり、辞書や教科書の記述は国家についての一つの説明にはなっていても、スピノザのいう定義にはなっていないのです。「国家とは何か」という定義を得るためには、人類社会において国家というものを存在させている原因（国家の起成原因）を考えなくてはなりません。私が著書『国家とはなにか』（以文社、二〇〇五年）のなかで暴力による支配の実践について論じたのはそのためです。

スピノザはこうした起成原因の考えを出発点として世界のなりたちを概念的に探っていきました。そのスピノザの考察は、ものを存在させている原理を探るという方法論をつうじてさまざまな理論に応用されうる可能性をもっているのです。

哲学とは何か❷　国家と哲学(1)

ヘーゲル
『法の哲学』
一八二一年

「理性的なものは現実的なものであり、現実的なものは理性的なものである」という有名な言葉でも知られる大著。「法」「道徳」「倫理」「国家」など人間社会を貫く概念の本質を明らかにしようとする法・政治哲学の金字塔。

ヘーゲル（一七七〇〜一八三一）はドイツ観念論を代表する哲学者であり、カール・マルクスをはじめ、その後の哲学者や思想家に多大な影響をあたえた哲学者です。が、日本の現代思想の世界ではあまり人気がありません。

その理由ですが、じつは私にもよくわかりません。ヘーゲルを批判する人は、日本の現代思想の世界にはたくさんいます。しかし、そのヘーゲル批判を読んでみても、ヘーゲルの哲学のどの部分がなぜ批判されるべきなのか、なかなか具体的にみえてこないんですね。ほとんどのヘーゲル批判は、「ヘーゲルの考えはこういうものだろう」というぼんやりした想定のもと、「だったらヘーゲルは正しくない」という決めつけ（ないしは思い込み）によってなりたっています。もしかしたら、ヘーゲルを批判している人たちは、ジル・

ドゥルーズやジャック・デリダといった現代思想のビッグネームが少々批判的にヘーゲルに言及したところなどを真に受けて、また周りの人たちもみんなヘーゲルを批判しているからそれに同調して、本当はよくわからないままヘーゲルを批判しているだけなのかもしれません。

しかし、実際にヘーゲルの著作を読んでみると、現代でも通じる、きわめて鋭いことをヘーゲルが述べていることがわかります。国家について論じた以下の引用部分もその一つです。

> そこで実際、本稿は、国家学をふくむかぎり、国家を一つのそれ自身のうちで理性的なものとして概念において把握し、かつあらわそうとするこころみよりほかのなにものでもないものとする。それは哲学的な著作として、あるべき国家を構想するなどという了見からは最も遠いものであらざるをえない。そのなかに存しうる教えは、国家がいかにあるべきかを国家に教えることをめざしているわけはなく、むしろ、国家という倫理的宇宙が、いかに認識されるべきかを教えることをめざしている。（略）
> 存在するところのものを概念において把握するのが、哲学の課題である。というのは、存在するところのものは理性だからである。（藤野渉・赤沢正敏訳、中公クラシックス）

ここでヘーゲルが論じているのは、国家を哲学的に考察するとはどういうことか、ということです。一般に私たちは「国家を哲学的に考察する」なんてきくと、「それは国家のあるべき姿を論じることにちがいない」などと考えてしまいますよね。たとえば、富の再分配を積極的におこなう福祉国家が望ましいのか、あるいは再分配政策は国家による財産権の侵害だから治安維持や防衛の活動に限定された最小国家が望ましいのか。こういった問題を論じることが「国家を哲学的に考察する」ことだと、一般には思われがちです。

しかし、ヘーゲルにいわせれば、国家はいかにあるべきかを論じることは哲学とはまったく関係のない営為です。引用文のなかでヘーゲルはこう述べています。「それは哲学的な著作として、あるべき国家を構想するなどという了見からは最も遠いものであらざるをえない」と。つまり、哲学は「あるべき国家を構想するなどという了見」とは別の視角から国家について考察しなくてはならないということです。

注意したいのは、ヘーゲルのこうした指摘は国家否定論にも当然あてはまる、ということです。国家否定論とは、「国家をなくすべきだ」「国境のない世界をめざすべきだ」ということを主張する、一つの政治思想です。ただ、これもヘーゲルの考えからすれば、一つの政治的主張ではあっても哲学ではありません。なぜなら国家否定論もまた、あるべき国家の姿を「国家は消滅すべきだ」という否定のかたちで論じているにすぎないからです。「国家なき世界を構想すること」は「あるべき国家を構想すること」の一つのバージョンにほかなりません。国家否定論とは、裏返しの「国家はいかにあるべきか論」なのです。

私が『国家とはなにか』を上梓《じょうし》したころ、日本の現代思想界では国家否定論がとても大きな力をもっていました。まさに「猫も杓子《しゃくし》も国家否定論」といった状態でした。しかし、そこでは「国家をなくすべき」という「べき論」ばかりが先行し、「では、その国家とはそもそも何なのか」を問うような議論はほとんどありませんでした。私が『国家とはなにか』を執筆した大きな動機の一つもそこにありました。滑稽だったのは、そうした国家否定論者ほどヘーゲル批判を偉そうにしていたことです。しかし実態としては、国家とは何かを考察せずに（考察する力がないまま）、「国家をなくすべき」という「べき論」ばかり展開していた当時の日本の現代思想界は、ヘーゲルがここで指摘しているような哲学的考察が完全に欠如した状態にありました。ヘーゲルを批判するなんて「一〇〇年早い」状態だったんですね。

では、ヘーゲルのいう「国家を哲学的に考察する」とはどういうことなのでしょうか。どのように国家を考察したら、それは「哲学的に考察」したことになるのでしょうか。

ここでヒントとなるのは、引用文の最後のほうにある言葉です。ヘーゲルはこう述べて

哲学的考察とは?

「存在するところのものを**概念**において把握する」こと

います。「存在するところのものを概念において把握するのが、哲学の課題である」と。つまり、哲学とはものごとを概念によってとらえる知的営みだ、ということですね。「国家を哲学的に考察する」とは、したがって、国家を概念によって把握する、ということです。

　では、概念によって国家をとらえるとはどういうことでしょうか。それについては次節であらためて考えましょう。ここでは最後に、ヘーゲルとドゥルーズの意外な近さについて指摘しておきたいと思います。

　ヘーゲルに批判的だと考えられているドゥルーズはガタリとの共著『哲学とは何か』のなかで、哲学とは概念を創造することだと述べています。把握と創造という点で違いはあるにせよ、概念によって思考することが哲学だと考えている点で、ヘーゲルとドゥルーズは結構近いところにいるのです。

哲学とは何か❸　国家と哲学(2)

ヘーゲル『法の哲学』

引き続き、先のヘーゲル『法の哲学』の一節について考察していきましょう。

ヘーゲルは引用文のなかで、この『法の哲学』は哲学的な著作であるかぎり「あるべき国家を構想するなどという了見からは最も遠いものであらざるをえない」と述べています。つまり、国家を哲学的に考察することは、「国家はいかにあるべきか」「どのような国家が望ましいのか」を考察することではない、ということです。私たちは国家を哲学的に考察するなんてきくと、思わず「国家はいかにあるべきか」「どのような国家のあり方が望ましいのか（共和制国家なのか、君主制国家なのか、福祉国家なのか、最小国家なのか……）」という問いを考察することだと考えてしまいがちですが、ヘーゲルによれば、哲学はそうした「べき」論とは何の関係もないということです。

では、国家を哲学的に考察するとはどういうことでしょうか。引用文の最後の部分でヘーゲルはこう述べています、「存在するところのものを概念において把握するのが、哲学の課題である」と。

ここにはヘーゲルの哲学観が凝縮されています。まず、ここでいわれている「存在するところのもの」というのは、机だとかコーヒーカップだとか、岩だとか太陽だとかといった、具体的なかたちをもったモノだけにはとどまりません。法律だとか、お金だとか、あるいはオリンピックのようなイベントといった、具体的なかたちはもたないけれども社会的には存在しているものも含まれます。したがって国家もそこに含まれます。そうした「存在するところのもの」を「概念において把握する」ことが哲学の課題である、とヘーゲルはここで述べているんですね。これを国家に当てはめるとこうなります。すなわち、国家を哲学的に考察するとは、国家を「概念において把握する」ことである、と。

とはいえ、「概念において把握する」とはどういうことでしょうか。一般に「概念において把握する」と言われるときは、「……とは何か」という問いに言葉によって答えることが意味されます。国家についていえば、「国家とは何か」という問いに言葉によって答えるということです。ですので、国家を哲学的に考察するとは、「国家とは何か」を言葉によって説明することだと、まずは理解しておいてかまいません。

ただしヘーゲルは「概念において把握する」ということに特別な意味を込めています。それを示しているのが、引用文の最後にある「存在するところのものは理性だからである」という言葉です。

なかなか難しい言葉ですね。これは一言でいえば「存在するものはすべて、理性によっ

「概念において把握する」とは?

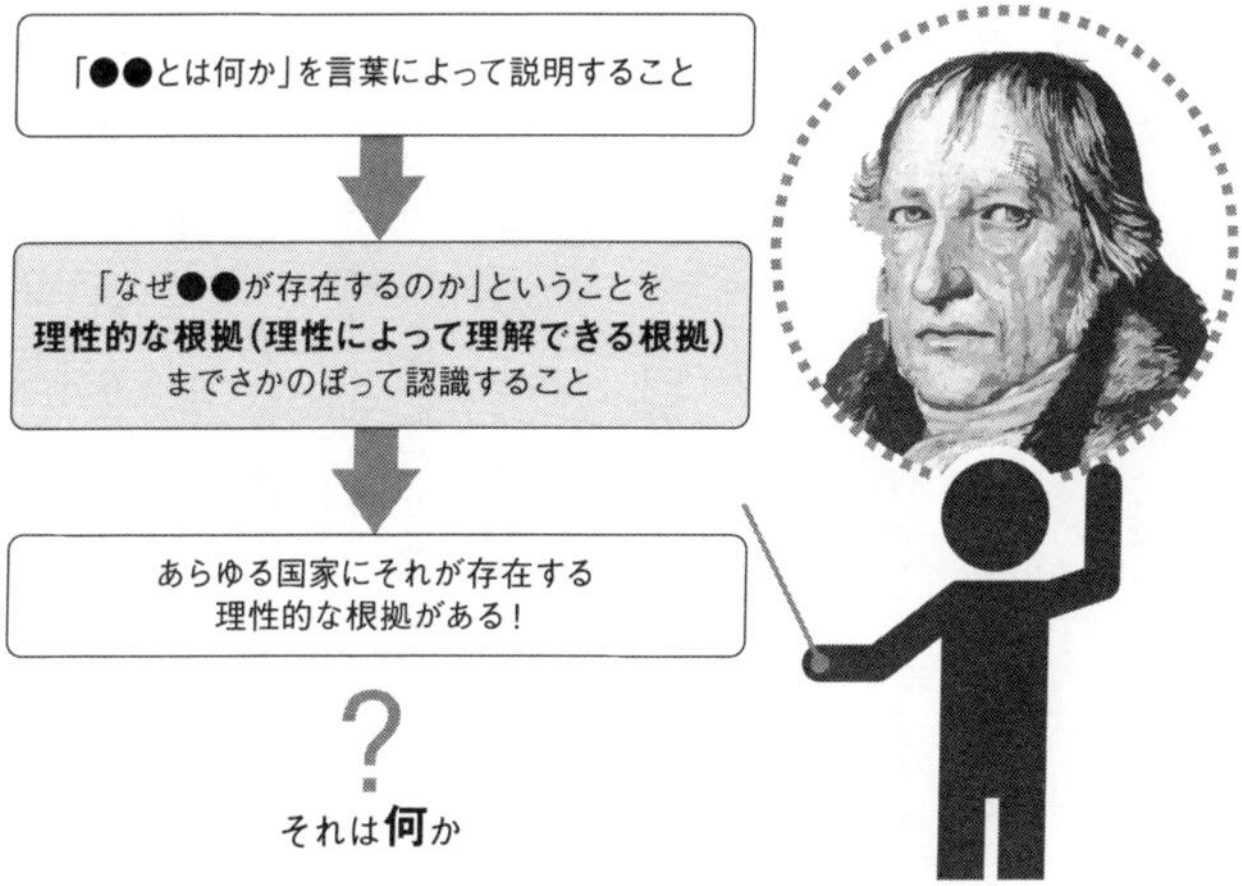

て説明できる理由をもっている」ということです。たとえば台風は私たちの生活に甚大な被害をもたらしますが、それは決して神様が人間に対して罰をあたえようと思って引き起こしたものではありません。あくまでもそれは、温かくなった海水によって上昇気流が発生し、それが巨大化することで生じるものであり、「なぜそれが存在するのか」を理性によって説明できるものです。「概念において把握する」とは、そうした「なぜそれが存在するか」という理性的な根拠を原理的なレベルにまでさかのぼって認識することにほかなりません。国家についていえば、「なぜ国家などというものが存在するのか」ということを理性的な根拠（理性に

よって理解できる根拠）にまでさかのぼって解き明かしていく、ということです。

逆にいえば、それがどんなに抑圧的なものであれ、あるいは不合理な支配にもとづくものであれ、あらゆる国家にはそれが存在する理性的な根拠があると、ヘーゲルは考えていました。ときとしてヘーゲルが国家主義者だとか体制派哲学者などと批判されるのはこのためです。ただし、そうした批判はヘーゲルの哲学に対する表面的な理解にとどまるものだというべきでしょう。ヘーゲルが哲学と「べき」論を切り離したことを忘れてはいけません。たとえば、二〇世紀フランスの哲学者ミシェル・フーコーは『監獄の誕生』のなかで、あまりに残忍で、現代の私たちからみたら不合理にみえるかつての身体刑にも、理性的に理解できる権力のロジックが内在していることを示しましたが、その考察はそうした身体刑を擁護することとはまったく関係がありません。国家を理性的な存在とみなすヘーゲルの考察も、同じように国家擁護の文脈から切り離して理解する必要があります。いかに不合理にみえる現象でも、そこに作動している存在のロジックを理性によって解き明かしていくことが知性の役割であり、また哲学の課題であると、ヘーゲルは考えていたのです。

そうなると問題は、国家が存在する根拠やロジックをヘーゲルがどのようにとらえたのか、ということになってきます。この問題についてはあらためて考えましょう（↓166頁）。

哲学とは何か❹　非道徳的な存在者

ニーチェ
『権力への意志』
一九〇一年

ニーチェ（一八四四～一九〇〇）の死後、遺稿断片をもとに実妹エリーザベトらによって編纂された書物。著作としては未完であるが、キリスト教批判やニヒリズムといった、ニーチェの後期の思想が直截的に展開されている。

一九世紀ドイツの哲学者、フリードリヒ・ニーチェは「神は死んだ」という有名な言葉を吐きました。読者のなかにもこの言葉を聞いたことがある人が少なからずいるのではないでしょうか。

この言葉には、ニーチェがキリスト教的世界観に哲学的に対抗しようとしていたことがよくあらわれています。たしかに、ニーチェがこの言葉を述べたのは一九世紀後半のことなので、すでに科学技術の発達などによってヨーロッパでは神は絶対的な信仰の対象にはなっていませんでした。とはいえ、それをあえて「神は死んだ」と明言することは挑発以外の何物でもありません。その挑発のなかに、キリスト教的世界観に対するニーチェの対抗心がみてとれます。

道徳ぬきの世界のうちであえてふたたび生きようとする私たち少数者ないしは多数者、信仰から言えば私たち異教徒。おそらくは私たちこそ、異教的信仰とは何であるかをとらえる最初の者でもあろう、――すなわち、私たちは、人間よりもいっそう高級な存在者を想いえがかざるをえず、しかもこの存在者を善悪の彼岸において想いえがかざるをえない。すべての高級であることを非道徳的であることとしても評価せざるをえないのである。私たちが信ずるのはオリュンポスであって――「十字架にかけられた者」ではない。

（原佑訳、ちくま学芸文庫）

その対抗心がニーチェのどのような哲学とつながっているのかを示しているのが右の引用文です。ニーチェはこの文章で「人間よりもいっそう高級な存在者」を「善悪の彼岸において」想い描くべきだと述べています。ここで言われている「人間よりもいっそう高級な存在者」とは何のことでしょうか。それはキリスト教的世界観における神に該当するものです。その神に該当するものを「善悪の彼岸において」、すなわち「善い」とか「悪い」とかいった道徳的判断をこえた次元において概念すべきであるとニーチェは述べているのです。

キリスト教的世界観において、神とは、この世界をゼロからつくりあげた創造主だと考えられています。これは信仰だけでなく哲学においても変わりません。ヨーロッパの哲学書を読んでいるとしばしば「神」という言葉がでてきますが、これは多くの場合、この世界をつくりあげている根本的で究極的な作用主を意味しています。一言でいえば、この世界の究極原因を神と呼んでいるんですね。

それを「善悪の彼岸において」想い描くとはどういうことでしょうか。それは、この世界が人間のためにつくられているわけではないということを徹底的に認識する、ということです。

たとえば大きな嵐がやってきて、私たちの生活を破壊してしまったとしましょう。それを、人間が何か悪いことをしたことに対する天罰とみるか、それとも単なる自然現象とみるかで、世界観は大きく異なってきます。前者の場合、人間のおこないにつねに目を光らせ、なおかつ、そのおこないの善し悪しに応じて世界を自在に動かすことのできる力をもった超越的な存在者が無意識的にせよ想定されていることになります。そうした、善悪の判断にもとづいて世界を動かす存在者を想定してはならない、というのが、ここでニーチェが述べていることです。

これは言い換えるなら、世界を人間のためにつくられているものだと考えてはならない、という主張でもあります。なぜなら、人間のおこないの善し悪しに応じて世界を動かすことができる存在者を想定するということは、同時に、世界が動いていく基点として人間のおこないを位置づける、ということだからです。人間に天罰をくだすような超越的な存在者を想定することは、人間にとってひじょうに厳しい世界観であるようにみえて、じつはきわめて人間中心的な世界観なんですね。ニーチェに言わせれば、それは人間の知性の弱さやエゴの強さからくる世界観にすぎず、実際には人間にとっての善し悪しとはまったく関係なくこの世界はなりたっていると考えるべきなのです。

読者のなかには、そんなことは当たり前で、科学技術が発達した現代では人間のおこないにもとづいて世界を動かすような存在者を想定することのほうが難しいのではないか、と思う人もいるかもしれません。たしかにその通りです。かつては、海に魚がたくさんいたり、家畜に適した動物が存在したりすること自体、神がこの世界を人間の生存にとって望ましいように設計してくれたおかげだと考える世界観が強くありましたが、現代ではむしろ、そうした環境を人間が何とか工夫して活用できたからこそ人類は絶滅することなく生存しつづけられたと考える世界観のほうが、多くの人にとって説得的でしょう。

とはいえ、ニーチェが説くように人間が人間中心的な世界観から完全に脱却することは、じつはそれほど容易ではありません。なぜなら、世界のなりたちを「善悪の彼岸において」考えることは、すなわち人間の存在はこの世界にとってとるにたらないものであることを（言い換えれば、人間の存在には何の意味もないことを）認識することにほかならないからです。私たちは自分がいずれ死ぬことを知っています。だからこそ、偉業を成し遂げようとか、よりよい社会をつくるために社会に貢献しようとか、子どもを育てて自分の遺伝子を残そうとかすることで、自分の存在に意味をもたせようとするのです。しかしそれも、人類そのものが絶滅してしまえば、最終的には何の意味ももたなくなります。にもかかわらず、この世界はそんなことには無頓着に存在しつづける――。私たちはそうした無意味性にどこまで耐えられるでしょうか。ニーチェの哲学は、それでも人間はみずからの存在を肯定できるのか、という問いに貫かれているのです。

哲学とは何か❺ 目的なき世界の概念

スピノザ
『エティカ』
一六七七年

スピノザの主著。書名の「エティカ」は「倫理学」を意味するが、その議論のおよぶ範囲は、存在論から認識論、感情論にまでおよぶ。ユークリッド幾何学をモデルにした厳密な論証によって、ヘーゲルやドゥルーズなど、後世の哲学者に大きな影響を与えた。

前節ではニーチェの哲学を取り上げました。ニーチェがいかにキリスト教的世界観に対抗し、それとは異なる世界観を構築しようとしたのかを考察しました。

今回はそれに引き続いてスピノザの哲学を取り上げたいと思います。というのも、スピノザもまた当時のキリスト教的世界観にするどく対抗した哲学者だからです。スピノザはキリスト教的世界観をしりぞけながら「世界はどのようになりたっているのか」を徹底的に考察した稀有な哲学者でした。

スピノザは一七世紀オランダで活躍した哲学者です。一九世紀に活躍したニーチェより二世紀もまえにキリスト教的世界観に対峙したことになります。そのため、スピノザが社会から受けた風当たりの強さも、ニーチェの場合とはくらべものにならないほどでした。

事実、スピノザは生前「無神論者」として多くの人から非難され、主著『エティカ』の出版が生きているあいだになされることもかないませんでした。

> **さて、私がここで語ろうとするすべての偏見は次の一事にもとづいている。すなわち、人々は一般に、すべての自然物が、自分たちと同じように目的のためにはたらいていると思っているばかりか、神自身がいっさいをある一定の目的に導くことを確実であると主張していることである。なぜなら彼らは、神がいっさいを人間のために創造し、また神を崇拝させるように人間を創造したと言っているからである。**
>
> **（工藤喜作・斎藤博訳、中公クラシックス）**

右の引用文はその『エティカ』の一節です。スピノザがここで「偏見」だと指摘しているのは、ほかならぬキリスト教的世界観です。これを読むと、スピノザがかなりはっきりとキリスト教的世界観を否定していたことがわかるのではないでしょうか。引用文の言葉をつかえば「神がいっさいを人間のために創造し、また神を崇拝させるように人間を創造した」と考えること自体、すでに「偏見」だと述べているわけですから。

ニーチェはどちらかというと叙情的なスタイルでキリスト教的世界観に対抗しました。

これに対してスピノザは理知的に、言い換えるなら、相手に有無をいわせないほどの明晰さによってキリスト教的世界観を否定しました。ここまではっきりと否定されてしまうと、相手のほうも立つ瀬がなくなり、反発してしまうのも無理のないことだったのかもしれない、と思ってしまうほどです。

ただし、留意しておきたいのですが、スピノザはキリスト教的世界観を否定しましたが、だからといって信仰心そのものまで必要ないと考えていたわけではありません。このことは生前に匿名で出版した『神学・政治論』のなかでスピノザ自身が強調していることです。人間たちがともに生活していくうえで意味をもつ信仰心と、真理を探求していくうえで必要な世界観は、明確に区別されるべきだというのが、スピノザの考えでした。信仰心を認めるという点では、スピノザの立場はニーチェの立場よりも穏健だったといえるでしょう。

では、なぜスピノザはここまではっきりとキリスト教的世界観をしりぞけたのでしょうか。

最大の理由は、真理と信仰を区別するためです。キリスト教的世界観はあくまでも信仰のために要請される世界観であって、それを哲学が探求すべき真理と混同してはならない。これがスピノザの基本姿勢でした。

神即自然

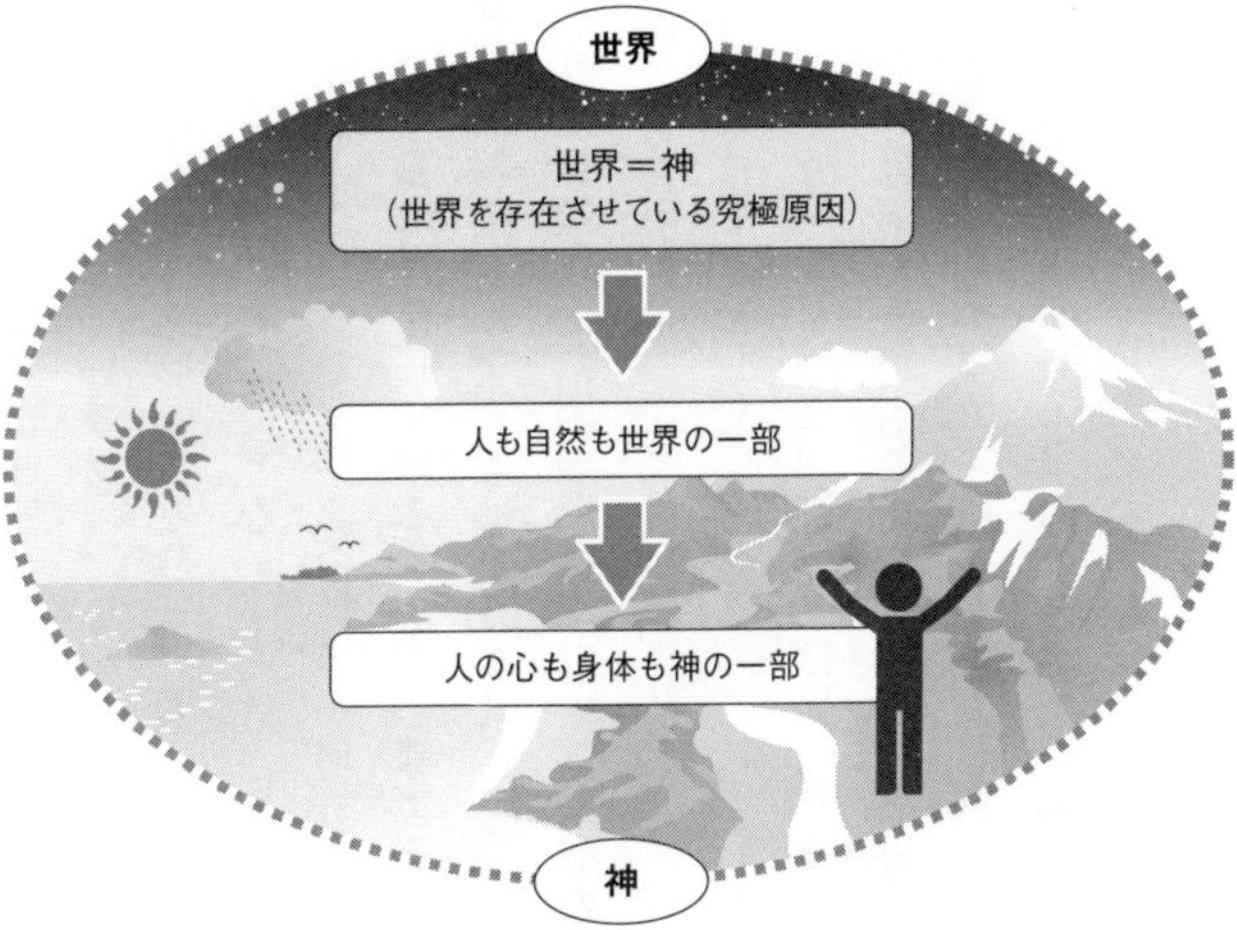

引用文でも述べられているように、両者の違いは、この世界に目的があると考えるかどうか、という点にあります。キリスト教的世界観では、すべての自然物は神によって人間のために創造され、また人間は神を崇拝するために創造されたと考えます。神は、人間が生存できるようにこの世界を創ったのであり、また、みずからの生存に適したようにこの世界がなりたっていることを目の当たりにした人間が、そのように世界をなりたたせている神を崇拝するようにこの世界を創った、という世界観です。

　これに対して哲学は、そもそもこの世界がそうした目的のもとでなりたっているのかどうか、という点から探求すべきだと、スピノザは考えます。そしてスピノザのみるところ、この世界はそうした目的のもとではなりたっていません。この世界は、信仰心の篤い人に対しても不敬な人に対しても同じ生存の条件を形成しており、人間が神を崇拝するように世界がなりたっているとはとうてい考えることはできない。これがスピノザ哲学の出発点でした。

問題はここからです。この世界が何らかの目的のもとでなりたっていないのならば、なぜこの世界は存在しているのか、どのようにこの世界はなりたっているのか、ということをゼロから探求しなくてはなりません。

これは想像以上に困難な探求です。なぜなら世界のなりたちを説明するのに、あらゆる「意図」を排しなくてはならないからです。「神即自然」というスピノザの考えもその探求から生まれてきました。もちろんそこでいわれる「神」はキリスト教的世界観が想定するような、意図をもった「神」とは異なります。スピノザも「神」という概念をもちいますが、それはあくまでもこの世界を存在させている究極原因という意味においてのみです。スピノザの『エティカ』はきわめて難解な書物ですが、その理由はスピノザ自身が困難な問題に取り組んでいることからきているのです。

人間とは何か

人間とは何か❶　口ばかりの哲学者

アリストテレス『ニコマコス倫理学』

哲学のみならず、自然科学・政治学から美学まで広範に論じた古代ギリシャの哲学者アリストテレス（前三八四〜前三二二）。その知の巨人が、人間の究極の目的は最高善を手にすることにあるとして、その方法について論じた倫理学の古典。

みなさんのまわりにもいるのではないでしょうか。口ではエラそうなことをいうけれど、実際の行動がまったくともなっていない人が。

たとえば会社で「自分が出世できないのは上層部がバカだからだ」などと批判ばかり口にする人もそうした一人ですね。でも、そんなに上層部がバカなら、さっさとその会社を辞めて自分で起業して、自分が経営者になればいいのに、と周りの人は思っているかもしれません。辞めた会社での経験を活かして同じ業種の会社を設立すれば、辞めた会社は上層部がバカでしょうがないのだから、すぐにその会社のシェアを奪えるはずです。

もちろん実際はそんな簡単な話ではないでしょう。会社を辞めて独立するといったって、銀行がどれくらい融資してくれるかわかりませんし、たとえ融資してくれたとしても新規参入の立場でそのビジネスがどれだけうまくいくかはわかりません。だからみんな安定を選んで、たとえ上司や経営幹部に不満があっても、がまんして会社にいつづけるわけです。上層部の批判をするのは、自分ではなかなか動かせないそうした現実に対して不満を吐き出すことで、少しでも精神的なバランスを保とうとする、やむにやまれぬ行為なのでしょう。

ただ、それでも批判（や愚痴）の度が過ぎると、周りの人は「だったら自分でやれば？」と意地悪なツッコミも入れたくなるでしょう。エラそうに他人を批判する人にかぎって、自分では何もしない（できない？）人だったりしますから。むしろ自分では何もしない人だからこそ、他人を批判することで自分が何もしないことを他人のせいにして、何とか自分を正当化しないといけないのかもしれません。

アリストテレスも同じことを指摘しています。次の引用文をみてください。

> **かくして、ひとは正しい行為を行なうことによって正しいひととなり、節制的な行為を行なうことによって節制的なひととなるということは妥当である。かかる行為をなさないでいては、誰しも善きひとたるべきいかなる機会をも持たないであろう。**
>
> **しかし、実際はかかる行為をなさないで言論に逃避し、そして、自分は哲学（フィ**

ロソフェイン）しているのであり、それによってよきひととなるであろうと考えているひとびとが多いのであって、彼らのかかるやりかたは、いわば注意して医者の言葉を傾聴しながら少しもその命令を守らない病人に似ている。それゆえ、かかる仕方で手当を受けている病人が身体についてよき状態でありえないだろうと同じように、このような仕方で哲学するひとたちも、彼らの魂についてよき状態であることはできないであろう。

（高田三郎訳、岩波文庫）

アリストテレスはこう述べています。哲学者として言論で正しいことを述べていれば、それだけで自分を正しい人間だと思い込んでしまう人が多いけれど、いくら口で立派なことをいっていても行為がともなっていなければそれは欺瞞である、と。

アリストテレスは二〇〇〇年以上前の古代ギリシャの哲学者です。その時代から、口ではエラそうなことをいうけれど実際の行動はともなっていない人というのはたくさんいたんですね。自分のことは棚に上げてエラそうなことをいうのは、それだけ人間の普遍的な性《さが》なのかもしれません。やっぱり人は、他人を批判してでも自分を立派な人だと思いたかったり、他人に責任を転嫁してでも自分を正当化したかったりするのでしょう。

この引用文では哲学者について言及がなされていますが、当時は哲学の範囲が現代よりもかなり広かったことを考えるなら、このアリストテレスの指摘は、政治や思想、文学、評論、学術など、言論をもちいるあらゆる分野について述べられていることだと考えられます。

たとえば現代でも、論壇や学術の世界ではひじょうにリベラルで立派なことを論じている人が、じつは性格がとてもひねくれていたり、権力的でパワハラやモラハラを繰り返していたり、家庭内でＤＶ（ドメスティック・バイオレンス）をおこなっていたりする、というのはよくあることです。

小説家の井上ひさしさんはリベラルで良識的な知識人としての顔をもっていましたが、家庭では妻にひどいＤＶをおこなっていたというのは有名な話です。もちろん、だからといって彼の作品の価値そのものが下がるわけではないでしょう。しかし、ＤＶについては完全にだんまりを決め込み、みずからのＤＶが問題視されるようになってからも何事もないかのように公的活動をつづけた点からいえば、彼の人格は彼のリベラルな発言ほどは立派ではなかったのでしょう。

現役の言論人でも同様のケースはたくさんあります。テレビでよくみかけるリベラル派の知識人がじつは妻にＤＶをおこなっているというケースもあれば、教え子をセクハラで自殺にまで追いやったにもかかわらず今でも大学で何食わぬ顔で教鞭をとっているリベラル派の教育学者もいます。

もちろんこれは知識人だけの問題ではありません。反権力を主張する市民活動家がじつはとても権力的だったり、愛国心や道徳心を高めるべきだと主張する保守派の政治家が汚職をしたりするのは、まったく珍しいことではありません。やはりアリストテレスが指摘するように、自分のことは棚に上げてエラそうなことをいったり、他人を批判して自分を立派にみせようとしたりするのは、人間の普遍的な性《さが》なのでしょう。私だって決してそこから免れているわけではありません。

では、どうすべきでしょうか。エラそうなことはできるだけいわない、自分も含めて人は知らず知らずのうちに自分のことを棚に上げてしまいがちだということをつねに自覚する、他人に不満があるならまずは自分で行動してみる、といったことが最初の一歩でしょう。行為とその結果によってのみ人はみずからの卓越性を示すことができる、とアリストテレスが引用文で述べているように、つべこべいっていても何も進まないのです。

人間とは何か❷　労働・仕事・活動

アーレント『人間の条件』一九五八年

ハンナ・アーレント（一九〇六～七五）は、ナチズムの台頭するドイツからアメリカ合衆国に亡命したユダヤ人哲学者。主著である本書は、人間をなりたたせる基本的な条件を労働・仕事・活動の三つに分け、近代社会の問題性を指摘した名著。

人間を理解すること。これは哲学にとってきわめて重要なテーマです。たとえば私たちは、ひとはなぜ生きるのか、と問うことがありますよね。やはり私たちは〝自分が生きることの意味〟に無関心ではいられないのでしょう。同じように私たちは、自分はどう生きるべきか、と問うことがあります。この問いにも、〝自分が生きることの意味をつかみたい〟という私たちの欲求があらわれています。

ただし哲学が人間を理解しようとするとき、その問いは右のような〝生きることの意味〟を考えるものばかりではありません。たとえば哲学の世界では、人間が生きるとはそもそもどういうことか、と問われることがあります。この問いは右の〝生きることの意味〟を考える問いとは似て非なるものです。というのもその問いは、ひとはなぜ生きるのかを問うまえに、そもそも人間が生きるとはどのようなことかを考えようとするからです。
こうした問いは、哲学では存在論的な問いといわれます。これに対して、前者の〝生きることの意味〟を考えるような問いは意味論的な問い、もしくは当為論的な問いといわれます。なぜ後者の問いが「存在論的な問い」だといわれるのかというと、それはその問いが、人間が存在するとはどのようなことかを問うものだからです。

要するに、哲学が人間を理解しようとするとき、そこにはおもに二つの問いのたて方があるということです。一つは意味論的に問うというやり方であり、もう一つは存在論的に問うというやり方です。

ハンナ・アーレントが『人間の条件』で考察しているのは、その存在論的な問いのほうです。アーレントはそこで、人間が人間として存在するためには（つまり人間が生きていくためには）どのようなことが条件として必要なのか、と問いました。つまり、人間が人間であることの条件をアーレントは考察しようとしたのです。アーレントはその条件として三つの人間活動を取り上げました。

具体的にみていきましょう。まず、人間は生きていくためには、食べ物を摂取したり、睡眠をとったり、外敵から身を守ったり、といった生命維持のための活動をしなくてはなりません。そうした生命維持のための活動をアーレントは「労働」として分類しました。

「労働」は生命維持のための活動である以上、人間が存在するためには必要不可欠な条件です。

とはいえ、人間は生きていく過程で、生命維持のための活動だけをするわけではありません。たとえば、食事をするために食器をつくることは生命維持のための「労働」に当たりますが、人間はその食器に絵を描いたり模様をつけたりして装飾をします。その装飾という行為はたんなる生命維持のための活動とはいえないものであり、そのためアーレントはそうした行為を「労働」から区別して「仕事」として分類しました。「仕事」とは、生命維持という自然的要請をこえたレベルで人工物をつくろうとする人間の活動にほかなりません。

さらに人間は他の人間たちとの関わりのなかで存在しています。他の人間との関わりがなければ、人間は子どもを産むこともできませんし、乳児から大人になることもできません。また、他の人間たちとの協力関係がなければ、食料を調達したり、安全を確保したりすることもできないでしょう。事実、人類はずっと集団生活のもとで生存してきました。そうである以上、人間は他の人間とのあいだでルールを決めたり、利害対立を調停したりしなくてはなりません。そうした、他の人間との関わりのなかで公共的な問題を解決していくことを、アーレントは「活動」と呼び、右の二つの活動――「労働」と「仕事」から

人間が存在するために必要不可欠な条件

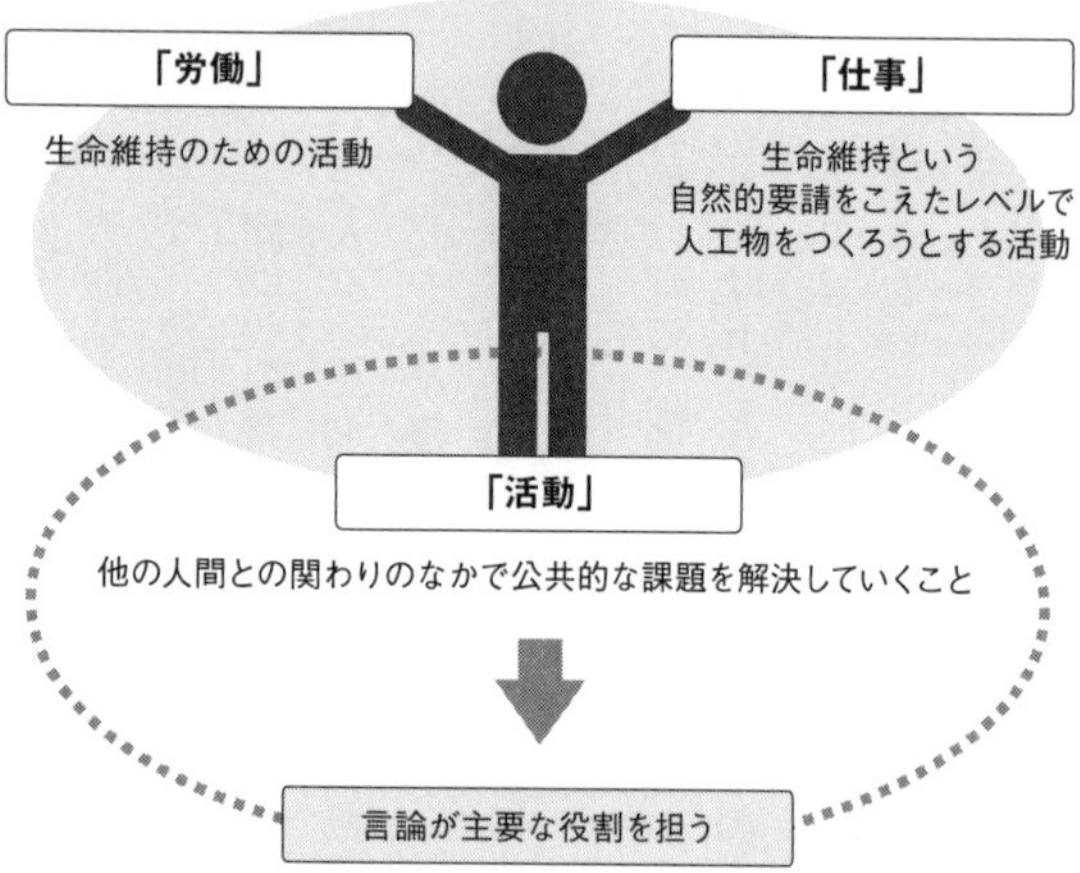

区別しました。政治とよばれる人間社会の領域はこの「活動」をつうじて生まれてきます。この「活動」も、人間が他の人間たちとの関わりのなかでしか生存できない以上、人間が存在するために必要不可欠な条件をなしています。

以上の三つからなる人間存在の条件のうち、アーレントはとりわけ「活動」を重視しました。というのも「活動」においては、言論が主要な役割を担うからです。他の人間たちとのあいだでルールを決めたり利害を調停したりするには、人間は言論をもちいるしかありません。もちろん「労働」や「仕事」においても言論は必要となってきます。しかし「労働」や「仕事」で言論が必要となるのは、あくまでもそれらの活動が他の人間との関わりのなかでなされるからです。他の人間との関わりのなかで公共的な課題を解決する「活動」が「労働」や「仕事」においても必要となるから、言論も必要となるんですね。その意味で、やはり言論は「活動」においてこそ主要な役割を担うと考えられるのです。

では、なぜ言論による「活動」は人間存在にとってとりわけ重要だとアーレントは考えたのでしょうか。その理由を述べたのが次の引用文です。その内容と、それが現代において私たちに突きつける問題について、引き続き考えていきたいと思います。

> 人びとは活動と言論において、自分がだれであるかを示し、そのユニークな人格的アイデンティティを積極的に明らかにし、こうして人間世界にその姿を現わす。しかしその人の肉体的アイデンティティの方は、別にその人の活動がなくても、肉体のユニークな形と声の音の中に現われる。その人が「なに」（“what”）であるか――その人が示したり隠したりできるその人の特質、天分、能力、欠陥――の暴露とは対照的に、その人が「何者」（“who”）であるかというこの暴露は、その人が語る言葉と行なう行為の方にすべて暗示されている。
>
> （志水速雄訳、ちくま学芸文庫）

人間とは何か❸　アイデンティティ

アーレント『人間の条件』

引き続きハンナ・アーレントの『人間の条件』を取り上げましょう。アーレントはその著作で、人間が存在するためには三つの活動の次元が必要だと論じました。その三つの活動の次元とは「労働」「仕事」「活動」です。つまり、人間が生存していくためには、その条件としてこれら三つの活動をおこなわなくてはならないとアーレントは考えたのです。

これら三つの活動の次元のうち、アーレントがもっとも重視したのは「活動」です。「活動」とは、人間が集団生活のなかで共通のルールを定めたり、互いの利害を調整したり、秩序を維持したりすることを指しています。つまり集団生活のなかで生じるさまざまな公共的な課題を解決していくことが「活動」と呼ばれているんですね。一般に政治とよばれる人間社会の領域はこの「活動」をつうじて生じてきます。

人間は生存していくためには食料を調達したり安全を確保したりしなくてはなりません。そうした人間活動をアーレントは「労働」と呼びました。ただしその「労働」を人間は一人でおこなうことはできません。つねに集団のもとで、他者の力を借りたり他者と協力したりして、生命維持のための基本的な活動（労働）をしています。たとえば生活に必要なものすべてを自分で生産するのでなければ、私たちは他者が生産した食料や衣服や道具を買わなくてはなりません。ここにはすでに他者との協力関係が生じています。

　したがって、たとえ「労働」という基本的な次元にかぎってみても、人間存在にとって「活動」は不可欠なものなのです。人間は食料を調達するためだけでも、他者との関係のなかで生じる公共的な課題の解決に取り組まなくてはなりません。ここに、アーレントが「活動」をもっとも重視する大きな理由があります。「活動」とは、人間が集団的存在であるほかないという意味で、もっとも人間らしい人間活動だといえるのです。

　ただしアーレントが「活動」を重視する理由はこれにとどまりません。より本質的な理由は、「活動」においては言論が主要な役割を担っている、ということにあります。事実、言論がなければ「活動」はなりたちません。たとえば、他者とのあいだでルールを定めたり、利害を調整したりするためには、人間は言論をもちいるほかありません。これに対し「労働」においては、たとえば一人で獲物をとるような場合では、かならずしも言論は必要ではありません。しかし、他者とのあいだで公共的な課題を解決しようとする「活動」にとって言論は不可欠な構成要素です。言論をつうじて公共的な空間をつくりあげていくことこそ「活動」の本質なのです。

　では、なぜアーレントは人間の言論活動に高い意義を認めたのでしょうか。先の引用文

人間のアイデンティティ

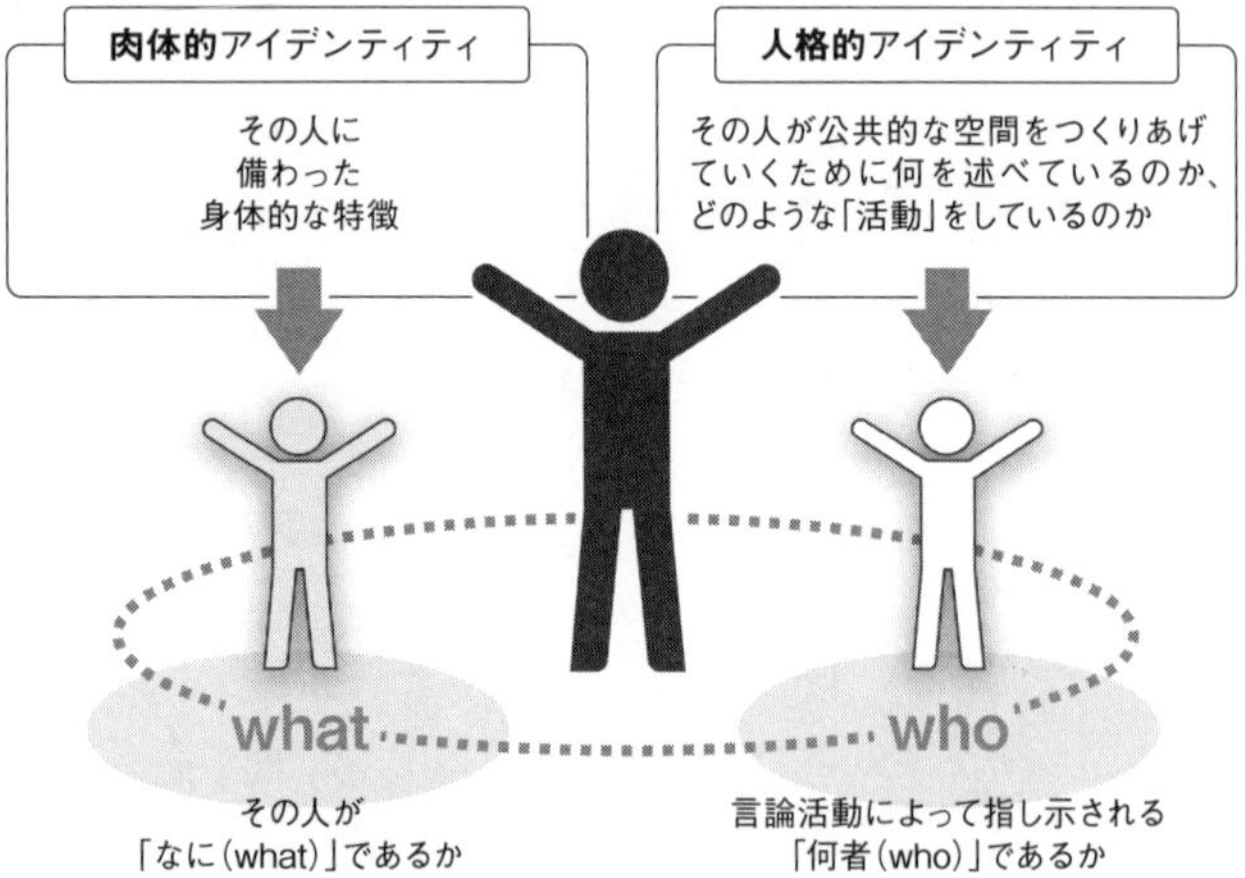

をみてください。

アーレントは、人間のアイデンティティを人格的アイデンティティと肉体的アイデンティティに分けています。肉体的アイデンティティとは、アーレントが引用文で「特質、天分、能力、欠陥」と述べているように、その人に備わった身体的な特徴を指しています。肉体的アイデンティティはそうした身体的な特徴にもとづいて、その人が「なに（what）」であるかを指し示します。これに対し、人格的アイデンティティのほうは、その人が公共的な空間をつくりあげていくために何を述べているのか、どのような「活動」をしているのか、によって提示されるものです。つまり、身体的な特徴がどのようなものであるかにかかわりなく、言論活動をつうじて指し示される、「何者(who)」であるかというアイデンティティが人格的アイデンティティなのです。

アーレントが言論と「活動」を高く評価するのは、こうした人格的アイデンティティをそれがあらわにするからです。ここには〝人間は身体的特徴によって評価されるべきではなく、公共性のために何を述べているかによって評価されるべきだ〟というアーレントの考えが反映されています。事実、アーレントはユダヤ人としてナチス政権下のドイツを逃れてアメリカに亡命した政治哲学者です。その経験が、肉体的アイデンティティによる差別をこえて人間を評価する言論「活動」への重視につながったことは疑いないでしょう。

とはいえ、インターネットが普及した現代からみると、アーレントのこうした人間理解は少しナイーブな気もします。というのも、インターネットは人びとから肉体的アイデンティティを消し去った言論空間を実現させましたが、まさにその言論空間においてヘイト・スピーチなどの、肉体的アイデンティティをことさら重視する言論が噴出しているからです。アーレントは身体的特徴から離れて言論のみによって自己があらわになる空間を人間にとって理想的な状況だと考えましたが、実際にそうした空間を飛び交っている言論はアーレントの理想とは程遠いものです。なぜそうした逆説が生じてしまうのか。これは現代においてアーレントを読むうえで決して避けることのできない問いです。

人間とは何か④　争いと贈与

レヴィ＝ストロース
『悲しき熱帯』
一九五五年

フランスの文化人類学者クロード・レヴィ＝ストロースが、一九三〇年代の若き日にブラジル奥地の先住民を訪れた旅の記録を、みずからの思想形成の回顧とともに綴った書。紀行文学としても高く評価され、世界的なベストセラーとなった。

近代国家や資本主義が生まれるまえ、人間はもともと平和的で牧歌的な暮らしをしていた、と考える人は少なくありません。近代国家や資本主義が成立したからこそ、人間は大規模な戦争をするようになったのだし、物欲を肥大化させて他人を搾取するようにもなったのだ、と。私たちが里山の生活を理想化するのも、そこでは人びとが自然と共生し、たがいに協力しあって生きてきた（はず）というイメージがあるからです。

この発想がさらに進むと、原始社会こそが人間にとっての理想だという考えになります。一八世紀にフランスで活躍したジャン＝ジャック・ルソーは、諸悪の根源は人間の文明そのもののなかにあると考え、文明社会ができる以前の人類社会の状態を「自然状態」として理想化しました。また、一九世紀に活躍したカール・マルクスは、支配も搾取もない原始社会の状態を「原始共産制」と呼び、人類は資本主義社会のあとにその共産制を高次のかたちで復活させるべきだと考えました。その考えは共産主義思想として二〇世紀の社会運動や国際政治に多大な影響をあたえました。

しかし、人間はもともと平和的で牧歌的に暮らしてきたという考えは、人類学者たちが実際に文明から切り離されて存続してきた未開社会をフィールドワークするにつれ、文明人による単なる一方的な思い込みであることが明らかになってきました。そうした人類学者の代表的な一人がクロード・レヴィ＝ストロース（一九〇八〜二〇〇九）です。

レヴィ＝ストロースは二〇世紀半ばにフランスで活躍した人類学者で、構造主義のパイオニアとしてフランス現代思想の基礎をつくったともいわれています。今回紹介する『悲しき熱帯』は、彼がフィールドワークの対象にしていたアマゾンで遭遇したさまざまな出来事を、学問的な思索を織り交ぜながらエッセイ風に綴った本です。

これらの群れは、互いに敵意を持ち合っていただけでなく、私に対しても険悪だった。のっけから、私の贈り物は懇望されるというより要求された。（略）

幸いなことに第二の群れが翌日到着し、先住民たちは彼らの敵意を差し向ける対象を、第二の群れに見出したのだった。（略）威嚇の身振りが行なわれ、時には喧嘩さ

え起こったが、それに直接加わらない者たちが仲裁に入るのだった。（略）だがこの時は、夜明けには鎮まった。それから、相変わらず露わにされた悪感情の中で、全く優しさを欠いた仕草で、敵対者たちは互いに互いを検分し始める。（略）

この和解の視察は、葛藤の決着が付いたことを示している。確かにそれは、集団のあいだに他の種類の関係、つまり商取引を導入する。（略）

こうしたことを考えれば、交換が済んだ時、当事者の一方の集団がその取り分に不満なまま引き揚げ、何週間も何ヵ月ものあいだ（得たものを総浚《そうざら》いし、与えたものを思い出してみながら）不快感を鬱積させて行き、それが次第に攻撃的な感情に変わって行くとしても驚くには当たらない。しばしば、戦《いくさ》はこうしたことが原因で起こる。無論他にも、殺人とか、誘惑や復讐が目的の婦女略奪などが原因になることもある。

（川田順造訳、中公クラシックス）

右の引用文は、レヴィ＝ストロースが現地の未開社会の先住民たちと出会ったときのエピソードです。レヴィ＝ストロースは最初、先住民たちから強い敵意を向けられます。さらに贈り物まで提供するように要求されます。完全なよそ者であるレヴィ＝ストロースは、彼らに贈り物をしてその敵意を解かないと、安全にフィールドワークもできない状況だったのです。第二次世界大戦前、中央政府の権力がおよばない未開のジャングルでフィールドワークをおこなうことは非常に危険なことだったんですね。実際、レヴィ＝ストロース自身、彼らの襲撃から身を守るためにつねにピストルを携帯してフィールドワークをおこなっていました。

しかし翌日、別の先住民のグループが接近してきたおかげで、レヴィ＝ストロースに向けられていた敵意はそのグループへと向けられるようになりました。両グループは互いに威嚇しあい、時には喧嘩さえおこしながら対立します。ただしこのときは決定的な暴力に至ることなく、両者は互いの持ち物を確かめ、それらを交換することで、和解へと進みました。

とはいえ、これで終わりではありません。交換がすんでも両者がともにその交換物に満足するわけではないからです。レヴィ＝ストロースは述べています。たとえその場では両者が争うことなく引き上げたとしても、一方ないしは双方が「あげたものよりもらったもののほうが少ない」などと不満を募らせ、何週間、何ヶ月ものあいだ不満を鬱積させていき、それが次第に攻撃的な感情をうみだして戦争の原因になることもある、と。

こうしたレヴィ＝ストロースの観察は重要な論点を私たちに示しています。まず、未開社会は決して平和的で牧歌的な世界ではない、という点です。そうではなく、よそ者に対して敵意をあらわにし、また先住民同士でもグループが違えば敵対し、場合によってはその敵対が戦争にまで発展するような世界です。文明社会からきた人類学者にせよ、先住民にせよ、みずから武装しなくてはいつ自分が殺されてしまうかわからない世界です。

　このことは歴史学における研究によっても裏付けされています。先史時代、人間が他の人間に殺されて死ぬ割合は人口比で六〇％に上ったという研究もあるほどです。日本が多大な犠牲を払った第二次世界大戦期（日中戦争から太平洋戦争終結まで）でさえ、日本人が戦死したのは人口比で三～四％ほどです。いかに原始社会では殺人が当たりまえのものだったのかがわかるでしょう。

　さらにレヴィ＝ストロースの観察は、贈与やモノの交換が本来どういうものなのかということも私たちに示しています。それらは決して協力的な、さらにいえば美しい共同性をつくりあげるようなものではありません。レヴィ＝ストロースが贈り物をあげなければ、彼は先住民から敵意を向けられつづけ、彼の安全がどこまで保たれたかはわからないほどでした。先住民たちの交換も和解のしるしとしてなされたとはいえ、いつでも戦争の原因になりうるものでした。贈与やモノの交換とは本来、強いられたものであり、それがうまくいかなければ暴力が発動されてしまうような血なまぐさいものなのです。現代でもなお、資本主義を批判して贈与の美しさや可能性を称揚する主張が後を絶ちませんが、それは無知からくる「お花畑」的な発想でしかないのです。

自己と他者

自己と他者❶　森の比喩

デカルト
『方法序説』
一六三七年

フランスの哲学者デカルト（一五九六〜一六五〇）が「すべてを疑う」ことを徹底し、最終的に疑う余地のない明晰な真理に到達するまでの探求と思索を自伝的に著した書。世界でもっとも読まれている哲学の古典の一つ。

デカルトは哲学の歴史においてもっとも名の知れた哲学者の一人です。そう、「われ思うゆえにわれあり」という有名な言葉を残した哲学者です。

この言葉は彼の『方法序説』という本のなかで述べられました。哲学史では、そのデカルトの『方法序説』をもって近代哲学が始まったといわれています。その理由はまさに「われ思うゆえにわれあり」という言葉にあります。ラテン語では「コギト・エルゴ・スム」です。では、なぜこの言葉が近代哲学の始まりだとされているのでしょうか。

デカルトはほんの少しでも疑いをかけうるものはすべて疑い、自分の判断から排除すべきだと考えました。デカルトが生きた一七世紀というのは、まだキリスト教が支配する神学的な世界観のもとで誰もがものごとを考えていた時代です。魔女がいるといわれれば、みんなで魔女狩りをしていた、そんな時代です。そうした世界においてデカルトは、あらゆるものを疑って、そのうえで最後に残った、確実に疑いえないものから哲学は出発しなくてはならないと考えました。

　では、あらゆるものを疑って、それでもなお疑いえないものとは何でしょうか。それは、あらゆるものを疑っている、この私自身です。あらゆるものを疑っていても、それを疑っている当の私の存在そのものは疑いえない。それを否定したら「疑う」という行為すらなりたちません。

　ここから「われ思うゆえにわれあり」という言葉がでてきました。こうした、もっとも明晰なもの、確実なものから思考を始めるという姿勢が、その後につづく近代哲学の基本となりました。デカルトが近代哲学の始祖といわれる理由がここにあります。

　ただ、私が本書を読んでおもしろいと感じるのは、そこのところというよりは、むしろデカルトがこの真理に到達するまでを振り返っているところです。デカルトは本書の前半で、この哲学的な命題に到達するまで自分はどのような知的態度をもって生活してきたのかを述べています。いまだ確実な判断の根拠を手にしていない状況では、どのように考え、生きていけばいいか。デカルトはいくつかの格率（ルール）を自分に課したと述べています。そのうちの二つをここでは取りあげましょう。

わたしの第二の格率は、自分の行動において、できるかぎり確固として果断であり、どんなに疑わしい意見でも、一度それに決めた以上は、きわめて確実な意見であるときに劣らず、一貫して従うことだった。この点でわたしは、どこかの森のなかで道に迷った旅人にならった。旅人は、あちらに行き、こちらに行きして、ぐるぐるさまよい歩いてはならないし、まして一ヵ所にとどまっていてもいけない。いつも同じ方角に向かってできるだけまっすぐ歩き、たとえ最初おそらくただ偶然にこの方角を選ぼうと決めたとしても、たいした理由もなしにその方向を変えてはならない。というのは、このやり方で、望むところへ正確には行き着かなくても、とにかく最後にはどこかへ行き着くだろうし、そのほうが森の中にいるよりはたぶんましだろうからだ。

（谷川多佳子訳、岩波文庫）

デカルトはここでみずからに課した格率の一つについて「自分の行動において、できるかぎり確固として果断であり、どんなに疑わしい意見でも、一度それに決めた以上は、きわめて確実な意見であるときに劣らず、一貫して従うこと」と説明しています。

要するに、一度決めたら、あとは迷わずやり遂げろ、ということです。私たちの人生

デカルトの三つの格率

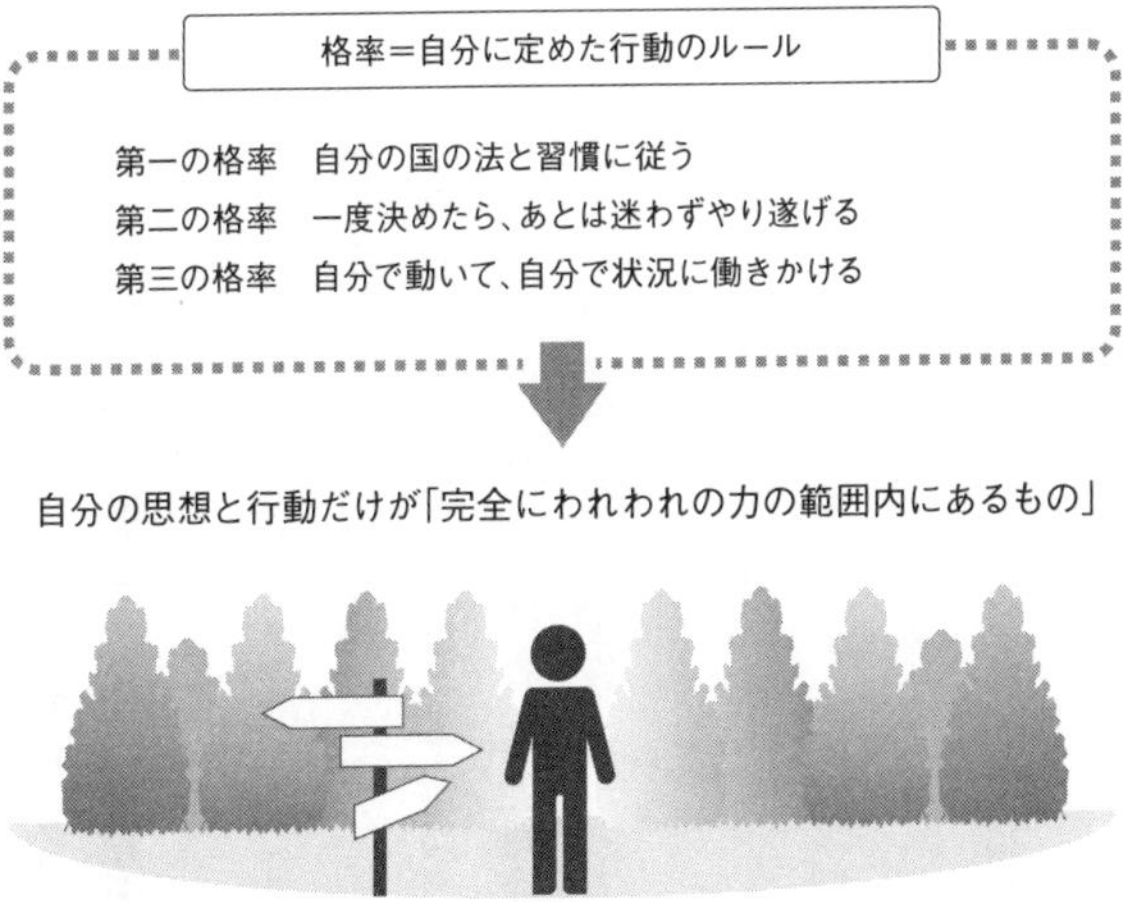

は、小さなことまで含めれば、それこそ不確実なことばかりです。しかしそれでも私たちは行動し、生きていかなくてはなりません。そのときにどこまで果断であるかによって、結果として得られることも、そして人生の内容そのものも変わってくる、ということです。デカルトはこれを森のなかで道に迷った旅人にたとえています。森で道に迷ったら、あちこちをうろちょろするのではなく、どんな方向でもいいからまっすぐ歩いていけば、とにかく最後はどこかへ行き着くだろう、と。なかなか深いたとえですよね。

わたしの第三の格率は、運命より

むしろ自分に打ち克つように、世界の秩序よりも自分の欲望を変えるように、つねに努めることだった。そして一般に、完全にわれわれの力の範囲内にあるものはわれわれの思想しかないと信じるように自分を習慣づけることだった。（同前）

デカルトはもう一つの格率について、「運命よりむしろ自分に打ち克つように（……）つねに努めること」「そして一般に、完全にわれわれの力の範囲内にあるものはわれわれの思想しかないと信じるように自分を習慣づけること」と説明しています。

これは一見すると、考えを変えればどんな苦境でも幸せになれる、というようなことを述べていると思われるかもしれませんが、そうではありません。反対に、現状を人のせいにしても仕方がない、ということを述べています。「会社の上司がダメだから」「社会が悪いから」と嘆いてみたところで、それは自分をなぐさめてくれるかもしれませんが、状況は何も変わりません。もし、自分の置かれた状況を変えたいと思うのなら、ダメな上司のせいにするのではなく、そのダメな上司とどう接したらいいかを考えられない自分の問題を考えなくてはならない。そうデカルトは指摘しているのです。

自分をとりまく状況はそのままでは何も変わりません。状況を変えるには、結局は自分で動いて、自分で状況に働きかけていかなくてはなりません。状況を変えるにしても、私たちはまず自分のやり方を変えるしかないのです。まさに自分の思想と行動だけが「完全にわれわれの力の範囲内にあるもの」なのです。どんな状況でも、それを打開するためにはどうしたらいいかを考える材料を探らなくてはなりません。それをせずに人のせいにしているうちは自分をとりまく状況は何も変わりませんし、自分に納得することもできないでしょう。

デカルトの哲学といえば「われ思うゆえにわれあり」という言葉ばかりが有名ですが、じつは彼のこうした知的態度のほうが私たちにとっては示唆的だと思います。誰もが神学的な世界観を自明視し、それ以外の考えは迫害すらされた時代に、新しい思考を切り開くということは本当にたいへんなことでした。だからこそ、デカルトがどのような知的実践者だったのか、ということに注目すべきなのです。

自己と他者❷　顔

レヴィナス『全体性と無限』一九六一年

二〇世紀フランスを代表する哲学者のひとり、エマニュエル・レヴィナス（一九〇六〜九五）の主著。ユダヤ人としてナチスが引き起こした圧倒的な暴力を目の当たりにし、それを生き延びたレヴィナスが、「他者」の概念を哲学的に探求する。

現代の哲学において「他者」の問題はとても重視されてきました。ここでいう「他者」とは、自分と異なるすべての人のことです。その「自分と異なる」ということをいかに尊重しながら他者に向き合えるか、というのが他者の問題における中心的なテーマです。哲学の世界では、他者が自分と異なるという点を強調して「他者の他者性」などといったりもします。

読者のなかには「他人が自分と異なるなんて当たり前だ」と思う人もいるかもしれません。しかし、現代の哲学において他者の問題が重視されてきたのは、「他者の他者性」が尊重されてこなかった歴史的経験が現実にあったからでした。

たとえばその歴史的経験とは、二〇世紀半ばまでつづいた西洋列強による植民地支配です。そこでは「野蛮で遅れた人びとを西洋諸国が文明化する」という名目で植民地支配が正当化されてきました。植民地の人間たちは野蛮で、知的にも劣った存在だとみなされ、西洋列強によって管理されたり指導されたりする対象としてのみ位置づけられてきたのです。そこには、自分と異なる存在としての他者への尊重はありません。あるのはただ西洋列強の世界観や価値観の絶対視であり、それを基準とした人間の序列化です（「文明×野蛮」「優れた人種×劣った人種」……）。植民地支配に抵抗する人たちはそのとき、人類の進歩をさえぎる「文明の敵」として暴力的な排除や抑圧にさらされました。

そうした自己中心的な姿勢を乗りこえるために、他者の問題は現代の哲学において重視されてきたのです。たしかに、植民地支配がかたちの上ではほぼなくなった現代でも、特定の宗教を「反文明」とみなして西洋の価値観に同化させようとしたり、「民主主義を輸出する」といった名目で他国に軍事的な介入をしたりする動きは後を絶ちません。人道的な支援ですら「無知で野蛮な人たちを私たちが善導する」という意識でなされることもあります。日常的にも、私たちは他人を「自分と異なる存在」として尊重しているというよりは、「自分の思い通りにならない存在」と感じ（裏返せば「自分に従ってほしい存在」とみなし）、イライラを募らせていますよね。他者の問題はそうした「自己中心主義」を批判するために重視されてきたのです。

その他者をめぐる哲学の議論に大きな影響をあたえたのが、エマニュエル・レヴィナスです。レヴィナスはリトアニア出身のユダヤ人哲学者で、二〇代半ば（一九三一年）でフランスに帰化しました。第二次世界大戦ではフランス軍に服務し、ドイツ軍の捕虜となって収容所で抑留生活を送ります。彼自身は収容所から生還しましたが、リトアニアに残った父や兄弟はナチスによって捕らえられ、殺害されました。レヴィナスの他者論には、その収容所での経験やナチスによるホロコースト（ユダヤ人虐殺）の衝撃が大きく影を落としているといわれています。

レヴィナスは他者について次のように論じています。

> 世界の組織のなかでは〈他者〉はほとんど無にひとしい。それでも〈他者〉が私に闘いをいどむことができる、言い換えるなら〈他者〉を打つ力に対抗することが可能であるのは、抵抗の力によってではない。対抗が可能であるのは、〈他者〉の反応が予見不可能であるからにほかならない。〈他者〉が私に対置するのは、だから、より大きな力——計量可能で、したがって全体の一部をなすかのように現前するエネルギー——ではない。全体との関係において、〈他者〉の存在が超越していることそのものである。〈他者〉が対置するのはどのような意味でも最上級の権力ではなく、まさに

〈他者〉の超越という無限なものである。この無限なものは殺人よりも強いのであって、〈他者〉の顔としてすでに私たちに抵抗している。この無限なものが〈他者〉の顔であり本源的な表出であって、「あなたは殺してはならない」という最初のことばなのである。（熊野純彦訳、岩波文庫）

引用文のなかでレヴィナスはまず、他者はこの世界においてほとんど無力な存在だと述べています。たしかに大自然のなかにおかれた人間は本当に非力です。大自然のなかで一人で生き延びられる人間はほとんどいないでしょう。にもかかわらず、他者は私にとって大きな「対抗」の可能性をもっているとレヴィナスはいいます。たとえば私たちは、蚊を殺すことは簡単にできても、人間を殺すことはなかなかできません。心理的にものすごく大きな抵抗を感じるからです。同じように、私たちは大きな岩を崖から落とすことはできても、人間を崖から落とすことはなかなかできません。たとえ人間のほうが岩よりも軽くて崖から落としやすかったとしても、です。つまり、他者は私たちにとって物理的な力以上の「対抗」の可能性をもっているのです。

では、その可能性はどこからくるのでしょうか。レヴィナスは引用文のなかで、それは他者の反応が予見不可能なところからくると述べています。たとえば、どんなに憎くて

「早く死ねばいい」と思っていた人間でも、いざその人間が目の前で「殺さないでくれ」「助けてくれ」と泣いて懇願してきたら、私たちはその人間に対して同情心を抱いてしまうかもしれません。物理的な力で抵抗されるだけなら相手を攻撃しつづけることができても、逆に相手が悲しみや苦しみの表情を浮かべて耐えていたら攻撃できなくなるかもしれません。

レヴィナスは、このように私たちには予想できないかたちで私たちに迫ってくる他者のあり方を「〈他者〉の顔」と表現しています。「〈他者〉の顔」とは、あらゆる物理的な力よりもいっそう強力に私たちに「殺すな」と抵抗してくる〈他者の他者性〉にほかなりません。レヴィナスは引用文で「超越」という言葉をつかっています。他者は「顔」をつうじて、さまざまな物理的な力の全体を「超越」して、私たちに特別な倫理的態度を要請してくるのです。物理的な力の「全体」を「超越」しているから、他者の存在は「無限」だといわれているのです。

自己と他者❸　超越

レヴィナス『全体性と無限』

引き続きエマニュエル・レヴィナスの他者論について考察していきましょう。先の引用文をみてください。

その引用文の終わりのほうでレヴィナスは「〈他者〉の超越」と述べています。これは、世界に存在するさまざまなもの（コップや椅子といった無生物から、植物や動物などの生物まであらゆるもの）のなかで、人間という存在は人間にとって特別なものである、ということを意味しています。〈他者〉というのは自分以外のすべての人のことでした。その他者は人間にとって、他のあらゆる存在するものとは同列には扱えない特別な存在である、というのが「〈他者〉の超越」という言葉があらわしていることです。

たとえば私たちは蚊やゴキブリを殺すことにほとんど抵抗を感じません。しかし人間を殺すことには大きな抵抗を感じるでしょう。たとえものすごく憎い相手がいて、決して警察には逮捕されないという状況にあったとしても、自分の手でその人間を殺すことはなかなかできることではないでしょう。多くの人はその場合でも強い心理的抵抗を感じるはずです。その「抵抗」こそ、「〈他者〉の超越」という言葉でレヴィナスが示しているもので

人を殺すことに対する強い心理的抵抗について

「〈他者〉の**顔**」

あらゆる物理的な力よりもいっそう強力に「殺すな」と抵抗してくる〈他者の他者性〉

「〈他者〉の**超越**」

世界に存在するあらゆるもののなかで、人間という存在は人間にとって特別なもの

他者は「顔」をつうじて、さまざまな物理的な力の全体を「超越」して、私たちに特別な倫理的態度を要請してくる

す。引用文でレヴィナスはこう述べています。「〈他者〉の超越という無限なもの」は「殺人よりも強いのであって、〈他者〉の顔としてすでに私たちに抵抗している」。

　もちろん、なかにはそんな抵抗を感じることなく人間を殺すことができる、という人もいるかもしれません。実際に殺人は世界中でもっともありふれた現実の一つです。とはいえ、それによってレヴィナスの考えがしりぞけられるわけではありません。というのも、たとえ殺人がどれほどありふれた現実であっても、やはり殺人は他の生物の殺害よりも強い衝撃を私たちに与えるからです。大事に育てていた家畜の牛が何者かによって殺

されれば、それはそれで関係者にとっては大きな事件になりますが、それでも人が殺される事件の大きさに比べたら小さなものにとどまるでしょう。それだけ人間というのは人間にとって「殺してはならない」と要請してくる特別な存在だということです。人間とは特別な道徳を人間に求めてくる存在だといってもいいかもしれません。レヴィナスはそこに他者への倫理の可能性をみました。

　とはいえ、レヴィナスの他者論には大きくいって二つの難点があります。一つは、他者は人間にとって特別な道徳を求めてくるだけの存在ではない、という点です。たとえば、あなたの家族が外を歩いていて、①雷に打たれて死んでしまった、②クマに襲われて死んでしまった、③通り魔に刃物で刺されて死んでしまった、としたら、どの場合にあなたの「許せない」という気持ちは一番強くなるでしょうか。当然、③の場合でしょう。大切な人が何らかのハプニングによって命を落とすという点は同じでも、その原因が自然現象なのか、人間以外の生物の行為なのか、人間の行為なのかで、私たちがその出来事に対して感じる憤りや怒りの度合いはまったく違ってきます。それだけ私たちは人間に対して特別な厳しさをもって臨んでいるということです。特別な厳しさを向けているからこそ、他の人間がこちらの意に反するような行動をとったとき、私たちは他の存在物に対してよりも深い憎しみや敵意を抱くのです。

レヴィナスは他者の存在を、「あなたは殺してはならない」というかたちで特別な道徳意識を私たちに要請してくる存在としてのみ考えました。ここから「他者の他者性」を尊重する倫理学も生まれてきます。しかし私たちは、相手が動物でもなく自然物でもなく、まさに人間だからこそ、より大きな憎しみや敵意、差別意識といったネガティブな感情を抱くこともあるのです。ですので、人間にとって人間は、他の存在物とは異なる特別な存在であることはたしかなのですが、その特別さは私たちに美しい道徳的態度のみを求めてくるような特別さではないのです。レヴィナスの他者論からはきれいごとの倫理学は生まれても、政治哲学は生まれてきません。

ここから第二の難点がでてきます。引用文にもあるように、レヴィナスは他者の存在が人間にとって特別であることの理由を「〈他者〉の反応が予見不可能である」ことに求めました。しかし反応が予見不可能なのは他の動物だって同じです。犬や猫が痛い目にあって苦しむ姿をみれば、やはり私たちは同情するでしょう。私たちは相手が人間だからこそ強い憎しみや敵意といったネガティブな感情も抱くという点を考えるなら、「予見不可能性」という点で人間存在の特別さを考えるのは不十分です。人間という存在の特別さは、端的に、人間が人間にとって最大の仲間になりうると同時に最大の敵にもなりうる、という点から考えられるのではなくてはなりません。人間は存在するために互いに同じようなものを必要とし、同じようなものを欲求し、同じように行動する。そうした存在様態の一致があるからこそ、人間同士、最大の仲間にもなりえると同時に最大の敵にもなりえるのであり、また他の存在物には抱かない特別な強い感情も抱くのです。この点、レヴィナスの他者論は存在論を徹底できていないのです。

道徳とは何か

道徳とは何か❶ ルサンチマン

ニーチェ
『道徳の系譜』
一八八七年

ニーチェの代表作の一つ。西洋文明の底流をなしてきた道徳的な価値観の系譜を暴き出し、それを批判することによって根本的な価値転換の可能性を探る。現代に至るまで数多くの哲学者に大きな影響を与えている。

読者のなかには「ルサンチマン」という言葉をきいたことがある人も少なくないでしょう。それはおもに〝負け組〟の人が〝勝ち組〟の人に対してもつ「反感」や「非難」「ねたみ」の感情をさす言葉です。

たとえば私たちはうまくいっている人をみると何となくその人を非難したくなりますよね。ライバルだった同期社員が自分より早く出世すると「どうせアイツは上司にゴマばかりすっていたからたまたま出世できただけだ」と、つい思ってしまいます。自分より早く出世した同期の実力を認めるどころか、ねたみからアラさがしをして相手を非難したくなるのです。これがルサンチマンです。

金持ちがしばしば反感の対象となるのも同じです。私たちは金持ちに対してうらやましいと思いつつも、つい「お金があるからといって幸せとはかぎらない」などと考えてしまいます。むしろうらやましいと思うからこそ、「お金があるからといって幸せとはかぎらない」と金持ちの「価値」を少しでも低くしようと思ってしまうんですね。これも「ルサンチマン」の典型です。

こうしたルサンチマンの感情は誰にでもあるものですが、ニーチェはさらに踏み込んで、このルサンチマンこそが社会で支配的な道徳の根源にあるものだと指摘しています。私たちが「もっともだ」と思う道徳の多くはこのルサンチマンを起源にしている、ということです。どういうことでしょうか。引用文をみてみましょう。

> 道徳上の奴隷一揆が始まるのは、《反感《ルサンティマン》》そのものが創造的になり、価値を産み出すようになった時である。ここに《反感》というのは、本来の《反動《レアクション》》、すなわち行動上のそれが禁じられているので、単に想像上の復讐によってのみその埋め合わせをつけるような徒輩の《反感》である。すべての貴族道徳は勝ち誇った自己肯定から生ずるが、奴隷道徳は「外のもの」、「他のもの」、「自己でないもの」を頭から否定する。そしてこの否定こそ奴隷道徳の創造的行為なのだ。評価眼のこの逆倒——自己自身へ帰るかわりに外へ向かうこの必然的な方向——これこそはまさしく《反感》の本

ルサンチマン

性である。　（木場深定訳、岩波文庫）

まずニーチェはルサンチマンを「行動上のそれが禁じられているので、単に想像上の復讐によってのみその埋め合わせをつけるような」感情の作用であると説明しています。先の例でいうと、同期社員が自分より早く出世してしまったのは自分ではどうしようもない事実なので、「アイツは実力もないくせにゴマばかりすっているからだ」と、その事実の解釈のレベルで価値を低下させることで、自分のみじめさや気持ちの落ち込みを埋め合わせようとする、ということです。

金持ちに対しても、相手にはたくさんのお金があり自分にはあまりお金がないという事実そのものは自分ではどうしようもありません。相手のお金をむりやり自分のものにするわけにはいきませんし、自分がどうやったら金持ちになれるかも簡単には思いつきません。このように自分の行動で現状を変えられないとなれば、あとは「想像上の復讐によって」、すなわち解釈のレベルで当の価値を低下させることによって、相手をうらやましいと感じる自分の気持ちを埋め合わせるしかありません。

ニーチェはこうしたルサンチマンを「奴隷道徳」として厳しく批判しています。引用文では「自己でないもの」、つまり他人を否定することが「奴隷道徳」の特徴だと指摘されています。他人を非難したり否定したりすることで自分を正当化しようとする道徳が「奴隷道徳」だといわれているんですね。

読者によってはこの「奴隷」という言葉はちょっとキツすぎるんじゃないかと思う人もいるかもしれません。たしかにニーチェの「奴隷」「貴族」という言葉遣いにはかつての身分社会の影響が色濃く残っています。ただ、私たちも「奴隷根性」といった表現をつかうことがありますよね。ここではそうした用法の一つぐらいに思っておきましょう。私たち自身、他人の批判ばかりして自分の優越性を示そうとする人や、すぐに他人のせいにして自分を正当化しようとする人をみると、卑しさを感じるものです。

引用文で注目したいのは、こうしたルサンチマンが「創造的」になることがあるといわれている点です。「創造的」とは、ルサンチマンが「奴隷道徳」を価値あるものとして創りだす、ということです。私たちは金持ちをうらやましいと思いつつも「お金があるからといって幸せとはかぎらない」と考えてしまいます。その考えをさらに発展させれば、「幸せはお金では買えない」という立派な道徳になりますよね。これが、ルサンチマンが道徳を創りだすということです。もともとはうまくいっている人に対するルサンチマンから出発しているのに、自分を正当化したり慰めたりしているうちに、それが独り歩きして、多くの人がもっともだと思うような立派な道徳になっていく。それが社会のなかで支配的な道徳になっていることにニーチェはいらだっているのです。

　では、ルサンチマンに陥らないようにするにはどうしたらいいでしょうか。といっても私たちはルサンチマンから自由になることはなかなかできません。私たちはどうしても他人と比較して自分の価値を計ろうとしてしまいますから、他人への非難が大好きです。ニーチェもまたルサンチマンの人でした。ですので、まずは自分がいかにルサンチマンに突き動かされているかを自覚すること、そしてどんな道徳がじつはルサンチマンから派生しているのかを見極めること、が重要でしょう。そのうえで、他人と比較しなくても自分のやってきたことに納得できる余地を少しずつ広げていくことが、「貴族道徳」という言葉でニーチェが指し示している「自己肯定」に近づくことになるでしょう。

道徳とは何か❷　性善説と性悪説

スピノザ
『神学・政治論』
一六七〇年

一七世紀オランダの哲学者スピノザが、聖書の緻密な文献学的検討にもとづき、神学（信仰）と哲学（理性）を厳密に分け、思想・言論の自由の確立を目指した書。その内容に対する反発を恐れて匿名出版したが、無神論の書として禁書になった。

道徳についてしばしば「性善説か、性悪説か」ということが議論になります。人間の本性は善なのか悪なのか、という問題です。

西洋の哲学の歴史においては、しかし「性善説」「性悪説」という概念はあまりできません。それもそのはずで、この「性善説」「性悪説」という概念はもともと中国思想から生まれたものです。ただ、これらの概念をあえて西洋の哲学史に当てはめるなら、一八世紀までは「性悪説」的な考えが優勢で、一九世紀以降、徐々に「性善説」的な考えが優勢になってきた、と大ざっぱには言えるでしょう。二〇世紀以降の現代の哲学においては、ヒューマニズムが広く浸透したこともあって（理論的にはヒューマニズムに疑問を投げかける哲学者もいますが）「性善説」的な考えがはっきりと優勢になっています。

では、今回取り上げるスピノザはどうなのでしょうか。スピノザは一七世紀オランダの哲学者であり、この時代の他の多くの哲学者とともに「性悪説」的な考えをもっていました。スピノザは次のように述べています。

加うるに、人間は考えられる限りのどんな非行をも敢えてするものであるとはいえ、何びともしかし自己の非行を正当化する為に律法を抹殺したり、涜神的な事柄を救いに役立つ永遠の教えとして導入したりはしない。実に人間の本性というものは次のように出来たものであることを我々は見ている。即ち各人（王者たると臣民たるとを問わず）は、何か恥ずべき行いをした場合は、自己の行為を諸々の事情に依って美化し、その行為が正義或いは端正にもとっていないように見えるようにするものである。

（畠中尚志訳、岩波文庫。旧仮名遣い・旧漢字を現代表記に変更）

引用文にある「人間は考えられる限りのどんな非行をも敢えてするものである」という言葉は、スピノザの「性悪説」的な考えを端的にあらわしています。この点、スピノザは人間の「善性」というものにまったく期待していません。ヒューマニズムの価値を根本では否定しない現代の哲学者たちとは正反対の発想をしていたんですね。

ただしスピノザは、人間には同時に自分のやったことを正当化したがる性質があることも認識していました。引用文にはこうあります。「即ち各人は〔……〕自己の行為を諸々の事情に依って美化し、その行為が正義或いは端正にもとっていないように見えるようにするものである」。

つまり、人間は考えうるかぎりのどんな悪行でもするという点では道徳を無視することができますが、だからといって人間が道徳を完全に無視しつづけられるかといえばそんなことはない、ということです。なぜなら、どんな性悪な人間であろうと、自分の行為を美化したがったり、正当化したがったりするからです。自分の行為を美化したり正当化したりするためには、道徳に訴えて、自分の行為がそれにかなったものであることを示さなくてはなりません。

人間がどれほど本性的には身勝手な存在でも、道徳に拘束されてしまう理由がここにあります。スピノザは人間の「善性」には期待しませんでしたが、人間が自分のことを美化したがったり正当化したがったりするという性質には期待していました。その性質によって、人間は道徳をもちだし、篤実なことを言い、結果的に道徳に拘束されるようになるからです。スピノザは、人間が結局は自分が一番かわいいと思う、自分本位の存在であることを何度も強調しています。しかしそうした「自分かわいさ」が、ひるがえって自分をよくみせようとする気持ちをかきたて、たとえ表面的で偽善的ではあったとしても道徳的にふるまうよう本人を突き動かす。まさに、道徳的でない人間の性質が逆説的に人間を道徳的にする、ということです。

スピノザはここに道徳というものの強さ、否定しがたさをみいだしました。スピノザの考えからすると、「性善説」は人間の行為の実態を無視したナイーブ（素朴）な発想にすぎませんが、同時に「性悪説」も、道徳が人間を拘束する力を認識できないまま、人間の性質について訳知り顔をする退廃的な発想にすぎません。「性悪説」もそれだけではナイーブすぎるのです。

美達大和著『死刑絶対肯定論』（新潮新書、二〇一〇年）という本があります。著者は殺人を犯して長期刑務所に服役している無期懲役囚です。彼は刑務所で数多くの凶悪犯と接するなかで、彼らのほとんどはみずからの犯行をまったく反省していないことに気づき、執行猶予つきの死刑の導入を主張します。その是非はさておき、この本には道徳について考えるうえで興味深い一節がでてきます。引用します。

〈無期囚の中で最も多いのが強盗殺人犯ですが、この中で初めから被害者を殺害しようという意志を持って犯行に至った者は少数派です。大概は窃盗（空き巣も含め）に侵入したつもりが、被害者に見付かり、凶行に至ったというのが実情です。〔……〕自分が窃盗に侵入したにも拘わらず、被害者に非があるかのように罵倒し、己の罪を認めないという姿は、当所では「当たり前」のことです。「あんな所にいるからだ」「向かってくるからだ」「騒ぐなって言ったのに大声出しやがって」「盗られたってどうせ会社の物なのに邪魔するからだ。おかげで、こっちがこんな所に長くいることになった。被害者は俺だ」〔……〕こうしたセリフが、受刑者同士の会話に普通に頻出します。〉

　これらの凶悪犯の言い分は当然ながらあまりに身勝手なものであり、私たちはとうていそれを認めることはできません。そのうえで私たちを驚かせるのは、すでに刑罰が確定した凶悪犯でさえ、自己を正当化したがるということです。それほどまでに道徳の拘束力は人間の本性の深いところまで入り込んでいるということでしょうか。道徳はいつでも悪用されえますが、その悪用によってさえみずからの存在を証明してしまうほど、強固なものなのです。

道徳とは何か❸　嘘論文

カント

「人間愛からならうそをついてもよいという誤った権利に関して」

一七九七年

ドイツの哲学者カント（一七二四〜一八〇四）が、フランスの政治家・文人コンスタンからの批判に応えた最晩年の論考。わずか六頁の短文だが、カント倫理学の具体的適用をめぐる後世の議論では常に引き合いに出される特異な話題性をもつ。


あなたの家に友人が助けを求めてきたとします。「助けて！　殺される！」と。

あなたは家に友人をかくまいます。

しばらくすると追っ手があなたの家にやってきました。追っ手はあなたに尋ねます。

「あいつはここにきていないか？」

このときあなたは正直に友人が家にいると言うべきでしょうか。それとも家にはいないと嘘をつくべきでしょうか。

多くの人は「嘘をつくべきだ」と考えるにちがいありません。友人を守るためには嘘をつくのもやむをえない、と。

これに対して一八世紀ドイツの哲学者、イマヌエル・カントは、正直に本当のことを言うべきだと論じました。たとえ人を助けるためであれ嘘をついてはならない、と。次の引用文がその該当箇所です。

すなわち、もしきみが、まさにいま殺意をいだいてうろついている人にうそをついて、その行為をさまたげたとすれば、きみはそれから生ずるかもしれないすべての結果に対して法律上の責任がある。けれども、もしきみが厳に真実を守ったとすれば、司直もきみには手出しができない。予測できない結果がどのようなものであろうとかまわない。しかしながら、きみが刺客の敵視する人が在宅しているかという問いに対し、正直に「いる」と答えたあとで、その人がそっと出ていって刺客に出会わず、したがって殺人行為が生じないかもしれない、ということはありうる。けれども、もしきみがうそをついて、彼は在宅していないと言い、また実際（たとえ、きみは気づかなくても）彼は外出しており、その結果刺客が出てゆく際彼に出くわし、犯行を加えたとすれば、きみはその人を死なせた張本人として、当然告訴されうるのである。

（尾渡達雄訳、理想社『カント全集第十六巻 教育学 小論集 遺稿集』所収）

とはいえ、このカントの主張をただちに納得できる人は決して多くないでしょう。たしかに嘘をつくことはいけないことかもしれないが、この場合、嘘をつく相手となるのは友人の命を奪おうとしている人間である、そんな人間はそもそも正直なことをいわれる立場にないはずだ、命を奪うという悪に比べれば、嘘をつくという悪はきわめて小さな悪である、小さな悪によって大きな悪を阻止することは、結果的に善をなすことになるのではないか――。こんな疑問がわいてきてもおかしくありません。

事実、ここでのカントの考えはカント哲学のなかでもっとも評判の悪いものの一つです。多くの哲学者や研究者がここでのカントの考えをあまりに厳格すぎると批判してきました。

深刻なのは、ここでのカントの考えはカントの道徳哲学そのものと密接につながっているということです。つまり、ここでのカントの考えに問題があるのであれば、それはカントの道徳哲学そのものにどこか欠陥があることになるのです（ただし、研究者のなかには、ここでのカントの考えはカントの道徳哲学の本質からは切り離されていると考える人もいるにはいます）。

カントは、道徳とはどんな場合にも例外なく適用されるべきものだと考えました。たとえば、人を助けるためなら嘘をついてもいい、と例外を認めると、人を助けるためという言い訳がなりたちさえすれば嘘をいくらでもつけることになってしまいます。そうしたことを防ぐためにカントは「どんな場合でも例外なく」という点を道徳に求めました。引用文におけるカントの主張はそれを極端な事例によって説明したものです。

とはいえ、それでも引用文におけるカントの考えに納得できないという人は少なくないでしょう。実際のところ、カントの考えはどこまで妥当なのでしょうか。少し掘り下げて考えてみましょう。

カントは引用文でこう述べています。もしあなたが追っ手に「いる」と正直に話したとしても、そのあいだに友人は家から抜け出して、追っ手に殺されずにすむかもしれない、逆に、あなたが友人を助けるために「いない」と嘘をついたとしても、そのあいだに逃げようとした友人が、ちょうど家から引き返していた追っ手とばったり遭遇してしまい、追っ手に殺されてしまうかもしれない、と。

読者のなかには、カントのこの説明はあまりに突飛で詭弁にしかきこえない、と思う人もいるでしょう。それも無理のないことです。多くの研究者もそう考えていますから。

しかし、カントがここで本当に述べようとしているのは、結果は予測できない、ということです。たとえ友人を助けるために嘘をついたとしても、それがアダになって逆に友人が殺されてしまうことだってあるかもしれない、それでもあなたは責任をとれるのか、ということです。もちろん嘘をつくことで友人が助かることもあるでしょう。しかしそうでないこともありえます。その結果は嘘をつく段階ではわからない、ということです。したがって、ここで対比されるべきなのは「殺人という大きな悪」と「嘘をつくという小さな悪」ではありません。多くの研究者はこの二つを対比させて、小さな悪によって大きな悪を阻止することが善につながる、と考えました。が、それはカントの真意をつかみそこねた解釈なのです。

　本来ここで対比させるべきは次の二つです。「友人を助けるために正直に本当のことを言ったら、それがアダとなって友人が殺されてしまった」という場合と「友人を助けるために嘘をついたら、それがアダとなって友人が殺されてしまった」という場合の二つです。

　どちらも「友人を助けるため」という動機と「ねらいとは逆に友人が殺されてしまった」という結果は同じです。にもかかわらず、どちらのほうが人は良心の呵《か》責《しゃく》にさいなまれるかといえば、やはりそれは後者の「嘘をついた」場合のほうです。「自分さえ嘘をつかなければ友人は殺されなかった」と人は思ってしまうものでしょうから。

　その程度には私たちは「嘘をついてはいけない」という道徳に縛られているということです。その道徳の力こそ、カントが論じようとしたものです。カントのいう道徳の普遍性もその観点から解釈されるべきなのです。

存在とは何か

存在とは何か❶　有意義性(1)

ハイデガー『存在と時間』一九二七年

二〇世紀ドイツの哲学者ハイデガー（一八八九〜一九七六）の主著。存在するとはどういうことかを正面から考察することで、存在論に新たな地平を切り開いた。現代哲学に大きな影響と広がりをもたらした、二〇世紀でもっとも重要な哲学書の一つ。

二〇世紀以降の現代の哲学を考えるうえでもっとも重要な哲学者とは誰でしょうか。多くの人はマルティン・ハイデガーの名前をあげるにちがいありません。私もそう答えるでしょう。

私はもともとミシェル・フーコーやジル・ドゥルーズといった現代フランスの哲学者を研究していましたが、彼らの哲学を研究すればするほど、いかに彼らがハイデガーの哲学から大きな影響を受けているのかを痛感させられました。極端にいえば、彼らがオリジナリティあふれる深い考察を繰り広げることができたのは、あくまでもハイデガーが新しい哲学の地平を切り開いたからこそです。ハイデガーがいなければ二〇世紀以降の哲学のあり方はまったく違ったものになっていたでしょう。

では、ハイデガーの哲学の何がそんなに画期的だったのでしょうか。それは「存在」をめぐる彼の考察です。

　哲学には存在論と呼ばれる領域があります。存在論とは文字どおり「存在するとはどのようなことか」を考える哲学の営みのことです。たとえば目のまえに葉っぱが落ちていたとします。この葉っぱが存在するとはどのようなことかを問うのが存在論です。もちろん哲学における存在論は葉っぱのような個々の存在物についての考察にとどまるものではありません。たとえそこから出発するにしても、存在論は最終的には「人間が存在するとはどのようなことか」「この世界はどのように存在しているのか」「なぜそもそも無なのではなく、世界が存在しているのか」といった大きな問いにまで行き着きます。

　その存在論を二〇世紀において刷新したのがハイデガーです。ハイデガーがその後の哲学者たちに影響をあたえたのも、その存在論の刷新が大きなインパクトをもっていたからです。

　では、ハイデガーの存在論とはどのようなものなのでしょうか。次の引用文をみてください。これはハイデガーの主著と位置づけられている『存在と時間』からの一節です。

　といっても、何の予備知識もない場合、この引用文を読んでも何が論じられているかさっぱりわからないかもしれません。無理もないでしょう。いきなり「現存在」だとか

「世界内存在」といった見慣れない言葉がでてきますから。

> つまり現存在は、おのれの存在と存在しうることとを、おのれの世界内存在に関しておのれに根源的に了解せしめるのである。目的であるものはなんらかの手段性を、手段性はなんらかの一定の用途性を、一定の用途性は適所をえさせることがそのもとでえられるなんらかの適用を、適用は適所性がそれでもってえられるなんらかの適具を、有意義化する。これらの諸関連は根源的な全体性としておたがいに結びつけられている。つまり、これらの諸関連がほかならぬこれらの諸関連であるのは、このような有意義化のはたらきとしてであって、この有意義化のはたらきのうちで現存在は、おのれ自身におのれの世界内存在を先行的に了解せしめるのである。こうした有意義化のはたらきの関連全体を、われわれは有意義性と名づける。
>
> （原佑・渡邊二郎訳、中公クラシックス）

まずは用語の説明をしましょう。

文中で「現存在」といわれているのは「人間」のことです。ハイデガーは『存在と時間』のなかで人間を「現存在」と呼んでいます。『存在と時間』において「現存在」とい

世界内存在としての人間

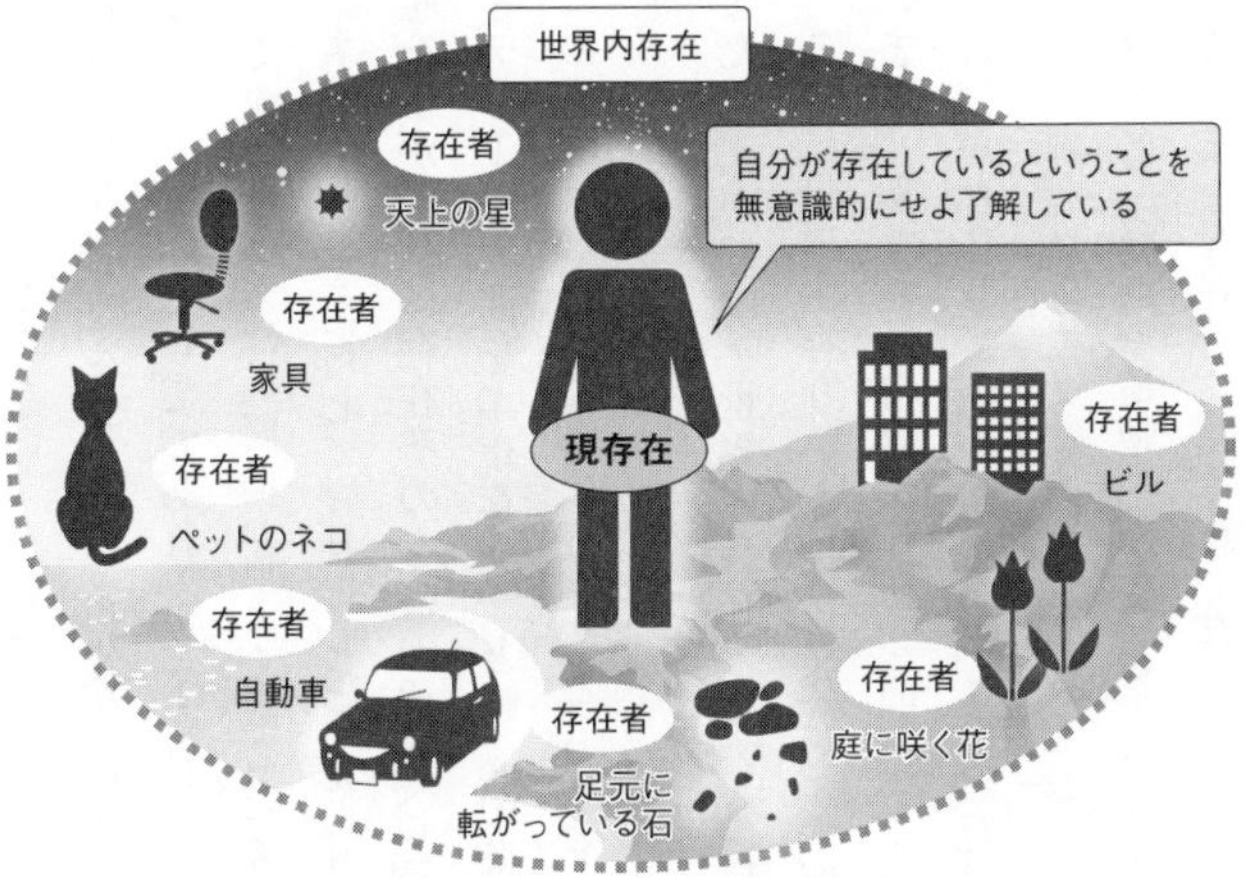

う言葉はすべて「人間」という意味でとらえてください。

ハイデガーは、私たちが生きているこの世界に存在しているあらゆるものをまとめて「存在者」と呼んでいます。つまり、足元に転がっている石も、庭に咲く花も、ペットのネコも、私たち人間も、天上の星も、そして人間がつくった家具や自動車やビルなども、すべて「存在者」です。「現存在」としての人間はそうした「存在者」の一つにほかなりません。

問題は、なぜハイデガーは人間のことをわざわざ「現存在」と呼ぶのか、ということです。そこには、存在について考えるためには人間という存在者を手がかりにしなくてはならない、というハイデガーの考えが反映されています。なぜ人間という存在者が存在を考えるうえで手がかりになるのかというと、人間は自分が存在するということを——漠然としてであれ——了解しており、みずからの存在をつねに気にかけているからです（たとえば人間は心地よく眠るためにはどうしたらいいかを考えて、布や羽毛などさまざまな存在者を活用して寝具をしつらえたりします）。そうした人間の存在了解や存在への配慮を手がかりに存在そのものの意味へと迫ろうとするのが『存在と時間』の方法です。ハイデガーが人間を「現存在」と呼ぶのは、そうした特徴をふまえてです。その「現存在」の意味は、現にここに存在するものとしてみずからを自覚している存在、ということです。

また、文中には「世界内存在」という言葉がでてきます。これもハイデガーの用語です。この「世界内存在」という概念は、人間がこの世界のなかで存在するさまをあらわしています。私たちは自分が存在し活動する世界が目のまえに広がっていて、その世界のもとで自分が存在しているということを無意識的にせよ了解しています。私たちはみずからの存在を維持するために食料を調達しなくてはなりませんが、その食料調達のために何らかの存在者（動物や植物、道具など）を活用するということ自体、みずからが世界のなかでさまざまな存在者に囲まれて存在し、活動しているという了解なしには不可能です。そういった、世界のなかでさまざまな存在者に囲まれて存在する人間のありさまを、ハイデガーは「世界内存在」と呼んだのです。

その世界内存在としての人間のありようを「有意義性」という概念によって論じているのが引用文の内容です。「有意義性」とはどのようなことでしょうか。引き続き考察していきましょう。

存在とは何か❷　有意義性(2)

ハイデガー『存在と時間』

前回に続いてハイデガー『存在と時間』の一節を読んでいきましょう。対象となっているのは「有意義性」についてハイデガーが論じている一節です。先の引用文をみてください。

引用文の最後にある「有意義性」とは何でしょうか。そこには「有意義化のはたらきの関連全体を、われわれは有意義性と名づける」とあります。つまり「有意義化のはたらきの関連全体」が「有意義性」だということです。

では「有意義化のはたらき」とはどのような「はたらき」なのでしょうか。これについても引用文のなかに説明があります。引用文の前半部分をみてください。そこには「目的であるものはなんらかの手段性を、手段性はなんらかの一定の用途性を、一定の用途性は適所をえさせることがそのもとでえられるなんらかの適用を、適用は適所性がそれでもってえられるなんらかの適具を、有意義化する」とあります。

とはいえ、これだけでは何のことかよくわからないかもしれません。例をあげましょう。たとえばあなたがキャンプにでかけたとします。しかしキャンプ地でテントを張ろうとしたところ、あなたはロープを固定するためのペグ（杭）を打ち込むハンマーを忘れてきてしまったことに気づきました。仕方なくあなたはハンマーの代わりとなるような石を周囲に探しにいきます。しばらく探していると、ちょうどよい大きさとかたちと硬さの石がみつかりました。このときこの石は、ただの石であることをやめ、ペグを打ち込む「適具」として「有意義化」されたことになります。

　キャンプ地のまわりにはたくさんの石があったにもかかわらず、特定の石が選ばれたのはなぜでしょうか。それは、その石がペグを打ち込むという用途に適した大きさやかたちを備えていたからですね。つまり、ペグを打ち込むという用途が「硬いものをペグに打ちつける」という「適用」を有意義化し、その「硬いものをペグに打ちつける」という「適用」が特定の石を「適具」として「有意義化」したのです。決して、手ごろな石があったから「ペグを打ち込む」という用途が生じたのではありません。

　では、なぜペグを打ち込む必要があったのでしょうか。それはロープを固定して、テントを張るためです。つまり「ロープを固定する」という用途性のもとでペグは有意義化され、また「テントを張る」という用途性のもとでロープは有意義化されているのです。ここには「有意義化のはたらきの関連」があります。

　では、そもそもなぜテントを張る必要があるのでしょうか。それは、雨風や夜露、気温

「有意義性」とは何か――あなたがペグハンマーを忘れたとき

の低下などから身を守って睡眠をとるためです。これこそがテントを張る目的にほかなりません。この目的があるからこそ、テントを張ることは手段として「有意義化」されるのです。言い換えるなら、この目的のもとで、手ごろな石をみつけてペグを打ち込み、ロープを固定して、テントを張る、という一連の「有意義化のはたらき」がひとつの全体としておたがいに結びつけられているのです。

　ここで注意したいのは、雨風や夜露、気温の低下などから身を守って睡眠をとるという目的は、「現存在」としての人間にとって、みずからの存在を維持することと同義だということです（「現存在」が人間を意味することは前回で確認しました）。すなわち、あなたがペグを打つための石を探しているとき、あなたはすでに自分がどのような存在であり、どのような存在でありうるのかを「了解」しているということです。たとえば、夜になれば露が降りたり気温が低下したりするような外気に現に自分が囲まれた存在だということ、雨風や夜露にさらされれば睡眠が阻害されてしまう存在であるということ、気温の低下にともない体温が低下すれば死んでしまうかもしれない存在であるということ、などです。こうした存在の「了解」が、テントを張るという一連の有意義化のなかで先行的になされているのでなければ、そもそも有意義化のはたらきは生じえません。まさに引用文にあるように「有意義化のはたらきのうちで現存在は、おのれ自身におのれの世界内存在を先行的に了解せしめる」のです。

　こうした「先行的」な存在「了解」こそ、『存在と時間』のもう一つのテーマである「時間」にかかわってくるものです。『存在と時間』におけるハイデガーの目的は「存在の意味とは時間である」ということを示すことにありました。現存在としての人間は、一定の時間的な幅のもとで、現に自分はどのような存在でありどのような存在者に囲まれているのか、今後どのように存在しうるのか、ということを「了解」しながら存在しています。自分についてだけではありません。キャンプ地で夜になれば外気はどうなるのか、ペグをしっかり打ち込まなければ風が吹いたときテントはどうなってしまうのか、といったことを自分なりに時間的な幅のもとで「了解」しながら人間は存在しています。時間的な幅のもとではじめてその「ありよう」が理解されるということ、それがハイデガーの考える存在の意味なのです。

存在とは何か❸　技術論(1)

ハイデガー「技術への問い」一九五三年

ハイデガーがミュンヘン工科大学でおこなった講演録で、翌年発表された『講演と論文』に収録された。現代技術の本質を考察することで、人間の存在のありようを解明しようとする。後期ハイデガーの代表作。

ハイデガーは存在論を深めることで現代の哲学に大きな影響をあたえました。存在論とはその名のとおり、人間やモノなどが存在するとはどういうことかをめぐる哲学の議論のことです。そのハイデガーの思索は前期と後期に分けられます。これまで二回にわたって取り上げてきた『存在と時間』は前期における代表作です。では、後期になってハイデガーの存在論はどのように変化したのでしょうか。今回はそれを考えていきましょう。

次の引用文をみてください。これは一九五三年に発表された「技術への問い」と題された論考の一部です。そこでは山番の話がでてきます。この山番は、祖父の代から受け継いできた仕事として、山林を見回り、伐採された木を管理しています。

> 山番は森で伐採された木を測定する者だが、外見上、彼は祖父と同じやり方で同じ森の道を見回っている。しかし、そのことを自覚しようとしまいと、今日、彼は木材を利用する産業によって用立てられている。彼は木材繊維の用立て可能性の一部として用立てられ、そして木材繊維のほうは紙の需要によって挑発され、紙は新聞やグラビア誌に送り届け〔zustellen〕られる。しかし、新聞やグラビア誌は、印刷物をむさぼり読むように世論を仕向ける〔stellen〕。それはそれらの印刷物が、用立てられた世論操作にとって用立て可能となるためなのだ。まさに人間は自然エネルギーよりもいっそう根源的に用立て〔Bestellen〕へと挑発されているのだから、けっしてたんなる一用象にとどまることはない。技術に携わることによって、人間は開蔵のひとつのあり方としての用立てに参加する。しかし、用立てが展開される領域としての不伏蔵性それ自体は、けっして人間が作り出したものではない。
>
> （関口浩訳、平凡社ライブラリー『技術への問い』所収）

山番はどれほど主観的には祖父の代と変わらない仕事をしているとしても、彼はいまや、大量の木材から紙を生産し消費する、巨大な産業機構のなかに組み込まれています。そこにあるのは、大量の木材がパルプへと加工され、さらに紙となって消費されるという、一連の物質の流れです。その物質の流れからみれば、山番は大量の木材が供給されるために徴用されている一つの人的要素にすぎません。

ポイントは、物質の流れから人間をみる、という点です。人間から物質の流れをみるのではありません。

人間から物質の流れをみる場合だと、大量の木材から大量の紙が生産されて消費されるプロセスは、人間がみずからの必要性に応じて主体的に生みだしたものだということになります。しかし、人間の意図はどうであれ、物質の流れからものごとをみるなら、大量の木材が大量の紙として消費されるプロセスは、人間の活動によってこの地球上に生みだされた新しい物質の流れだということになります。そこでの人間は、山林の樹木が紙として消費されるという新しい物質の流れをこの地球上にもたらした一つの契機にすぎません。人間がいなければ森の木は紙になることはなく、森の木のままでした。つまりこの場合、人間を含めたあらゆるものが存在するこの世界が、人間という存在者の活動をつうじて、自己変容したと考えることができるのです。

こうした視点の転換こそ、ハイデガーの思索の前期と後期を分けるものです。『存在と時間』においてハイデガーは人間を起点として存在の意味を探ろうとしました。ハイデガーがそこで道具についての分析を手がかりにしたのはそのためです。しかし、後期になるとハイデガーは、これとは逆に存在を起点として人間存在を考えるようになりました。そこにあるのは、人間から存在をみる視点から、存在から人間をみる視点への転換です。

二〇一六年に日本でもベストセラーになったユヴァル・ノア・ハラリ『サピエンス全史』（柴田裕之訳、河出書房新社）では、人類と小麦の関係について次のような指摘がなされています。もともと小麦は自然のなかで競争力がそれほど強くない植物で、中東のごく限られた地域にのみ自生している植物でした。しかし人類はこれを栽培することに成功します。その結果、小麦はたった数千年のうちに二二五万平方キロメートルもの地表を覆う植物になりました。その広さは日本の面積の約六倍に相当します。これは、小麦が人類を奴隷化することで生存競争を有利にし、みずからのテリトリーを広げてきたことを意味するのではないか――こうした指摘です。

人間の視点からみれば、小麦の栽培は、単位面積あたりでより多くの食料を安定的に獲得するための手段にほかなりません。しかし小麦の視点からみると、それは人間の奴隷化というまったく別の様相を呈してくるのです。さらにはこれを地球全体の視点でみるとどうなるでしょうか。それは、地球全体の存在のありようが人間の活動をつうじて自己変容してきたプロセスとして考えられるでしょう。

人間の存在は人間にとっては特別で重要な存在にちがいありません。しかし、存在の世界全体にとっては、人間存在は決して特別な存在ではなく、他の存在者の存在と変わらない存在でしかありえません。たとえば台風は決して人間という存在者が特別だから人間の生活に甚大な被害をもたらすのではありません。

後期ハイデガーにとって、人間中心主義的な世界観からできるだけ遠く離れて存在を思考することは大きな課題でした。引用文における山番の記述はそうした問題意識からでてきたものです。したがってこの引用文をたんなる近代文明批判として読むことはできません。山番の仕事はたしかに彼が祖父の代から引き継いで主体的におこなっている仕事ではあるでしょう。しかし、いかに人間が意識のうえでは主体的におこなっていることでも、存在一般のレベルでは、大量の木材が紙へと変化し消えていくという特定の存在のプロセスが地球上で実現されるうえで徴用されている人間存在の一つのありようでしかないのです。

では、何が人間をそのような特定のプロセスを実現するように徴用するのでしょうか。それを思考することがハイデガーの技術論の目的でした。次回はその点について考察していきましょう。

存在とは何か❹ 技術論(2)

ハイデガー「技術への問い」

今回も後期ハイデガーの存在論について考察していきましょう。

ハイデガーの哲学が前期と後期に分けられることは前回確認しました。前期のハイデガーにとって重要なのは、人間にとって世界はどのようなものとして存在しているのか、という問いでした。これに対して、後期ハイデガーにとって重要なのは、存在の世界からみると人間はどのような存在なのか、という問いです。

引用文をあらためてみてください。そこでは「用立て」という言葉が何度もでてきます。たとえば現代の山番は、一見すると祖父の代と同じ仕事をしているようにみえますが、より巨視的な観点にたつならば「木材を利用する産業によって用立てられている」と引用文では指摘されています。

ここには後期ハイデガーの方法がよくあらわれています。後期ハイデガーにとってまず着目すべきは、存在の世界でそもそも何が生じているのか、ということです。引用文の例でいえば、存在の世界で生じているのは、あくまでも大量の木材が紙へと加工され、消費されるという、一連の物質の流れです。その物質の流れからみれば、山番はそれが実現されるために徴用されている一要素にすぎません。ハイデガーのいう「用立て」とは、そうした「徴用」を指しています。つまり「用立て」という言葉そのものに、存在の世界で生じていることを起点として人間存在を考えようとする、ハイデガーの方法論が反映されているのです。

もちろん、森林の木が紙となって消費されるという存在のプロセスにおいて「用立て」（徴用）されているのは山番だけではありません。製紙工場や印刷所の労働者たちもそれぞれの現場でそれぞれの生産活動へと「用立て」られています。マスコミの記者や編集者も新聞やグラビア誌に大量のコンテンツを供給するよう「用立て」られています。さらには大衆もまた、新聞やグラビア誌をむさぼり読むように「用立て」られています。そうした「用立て」の連関によって、森林の木が紙となって消費されるというプロセス全体が可能となっているのです。

では、このときこれらの人間を「用立て」ているのは何でしょうか。資本家やテクノクラート（専門官僚）、政治家たちでしょうか。

しかし、森林の木が紙として消費されるという存在のプロセスからみれば、彼らもまた「用立て」られた存在にすぎません。資本家やテクノクラートたちは、そのプロセスにかかわる産業機構の各部門もしくは全体を監督したり管理したりする役割として「用立て」

られていますし、政治家もまた選挙で勝つために世論によって突き動かされるよう「用立て」られています。言い換えるなら、いかに彼らの仕事が指導的な立場のものだとしても、それがなりたつのは、マスメディアと大衆が協働してつくりだす世論のもとで、大量の木材が紙として消費されていく存在のプロセスがあってこそなのです。

そうである以上、資本家やテクノクラートも含めた人間たちを「用立て」ているのは、その存在のプロセスを体現している産業機構全体であり、その産業機構をなりたたせているテクノロジーだと考えなくてはなりません。後期ハイデガーが技術論にこだわったのはこのためです。

この点について重要なのは、テクノロジーは人間の活動をつうじて生まれてきたものであるとはいえ、人間には決して自由にならないものだということです。たとえば飛行機を飛ばすためには、流体力学にのっとった機体の構造と、浮力を生じさせるだけの動力（エンジン）が必要です。しかし、どちらのテクノロジーも人間がゼロから作りだしたものではなく、自然の摂理のなかからそれを可能にする要素を人間が取り出して、組み合わせることで可能になったものにほかなりません。

つまり、テクノロジーを可能にする要素は人間の側にではなく、自然（つまり存在の世界）の側にあるのです。存在の摂理にしたがうことによってしか、人間はテクノロジーを生みだせないということです。したがって厳密に考えるなら、テクノロジーを可能にしているのは、人間と世界との特定のかかわり方なのであり、そのかかわり方を定める存在の力学なのです。

この存在の力学は、人間が世界とかかわる仕方を定めるものである以上、人間が存在する仕方そのものを定めるものでもあります。人間の存在は世界のなかでかろうじてなりたっている以上、みずからの存在の仕方を定めるものを、人間が自由に生みだすことはできません。引用文で「用立てが展開される領域（……）それ自体は、けっして人間が作り出したものではない」といわれているのはそのためです。

反対に、その存在の力学は人間が世界とかかわる仕方を定めることで、人間にとっての世界を「開く」ものです。引用文ではこう述べられています。「技術に携わることによって、人間は開蔵のひとつのあり方としての用立てに参加する」と。テクノロジーとは、人間にとっての世界を開くことで、特定の存在のプロセスが世界に生起するよう人間を「用立て」するものなのです。

存在とは何か❺　アレンジメント

ドゥルーズ、ガタリ
『千のプラトー』
一九八〇年

フランスの哲学者ジル・ドゥルーズ（一九二五～九五）と、精神分析家フェリックス・ガタリ（一九三〇～九二）が、高度資本主義社会において複雑に入り組んだ人類の営みを新たなコンセプトで読み解いた、フランス現代哲学を代表する大著。

これまで二回にわたってハイデガーの技術論について考察してきました。今回はその技術論がいかに現代のフランス哲学に影響をあたえたのかをみていきたいと思います。

取り上げるのはジル・ドゥルーズとフェリックス・ガタリの共著『千のプラトー』です。この著作は刊行以来、日本で「フランスのポストモダン思想の聖典」のようにもてはやされてきました。実際にはフランス現代哲学の世界では「ポストモダン」という言葉はほとんどつかわれていませんので、私自身は「フランスのポストモダン思想」という表現には強い違和感があります。が、それはともあれ、この著作がフランス現代哲学の代表的な書物の一つであることはまちがいありません。この著作をつうじて、フランス現代哲学がいかにハイデガーに多くを負っているのかを考察していきましょう。

まずは次の引用文をみてください。といっても、いきなり「アレンジメント」という耳慣れない言葉がでてくるので面食らってしまうかもしれません。これは『千のプラトー』の最重要概念の一つで、原文でもちいられているのは「agencement」というフランス語です。この単語は通常の使用では「配置、案配、構成」といった意味をもちますが、ドゥルーズとガタリはそれを多少ふくらませて「一つの社会をそのようなものとしてなりたたせている、ものごとの配置・編成のメカニズム」といった意味でもちいています。この言葉の日本語訳があえてカタカナで「アレンジメント」となっているのも、そうした固有の意味を反映してのことです。

ドゥルーズとガタリはこの「アレンジメント」を身体のレベルにおけるものと言語のレベルにおけるものとに区別しています。身体のレベルにおけるアレンジメントは「機械状アレンジメント」と呼ばれ、言語のレベルにおけるアレンジメントは「集団的アレンジメント」と呼ばれます。この引用文で説明されているのは、身体のレベルにおける「機械状アレンジメント」のほうです。

一つのアレンジメントは、その物質的または機会状側面において、財の生産にかかわるものだとは思えない。むしろたがいに関係しあうあらゆる種類の身体に影響する

あらゆる引力や反発力、共感と反感、変動、合体、浸透と拡張などを含んだ、一社会内の身体の混合の一定の状態にかかわるのだ。（略）テクノロジーでさえ、道具をそれ自体として考えるなら過ちを犯している。道具は、それらが可能にする、またそれらを可能にする混合との関連でしか存在しない。あぶみは、人間－馬の新しい結合をもたらし、それがまた同時に新しい武器と、新しい道具をもたらす。道具は〈自然－社会〉の機械状アレンジメントを定義する結合や合体と切り離すことができない。

（宇野邦一・豊崎光一ほか訳、河出文庫）

引用文では「機械状アレンジメント」の一例として「あぶみ」が言及されています。「あぶみ」とは馬具の一種で、鞍の両側に吊り下げて、馬に乗る人が足をかける道具のことです。この道具が発明されたことによって、人間は馬に安定的に、かつときには両手を馬から離しても乗れるようになり、馬に乗ったまま弓を引いたり、槍を突いたりできるようになりました。まさに「あぶみは、人間－馬の新しい結合をもたらし、それがまた同時に新しい武器と、新しい道具をもたらす」のです。ここには、あぶみという道具によって人間身体と馬とが新たに結合され、それがさらなる道具（武器）を編みだす、そしてさらにそれによって人間身体の新たな活用や結合が編みだされていく、という「アレンジメン

「アレンジメント＝編成」のメカニズム

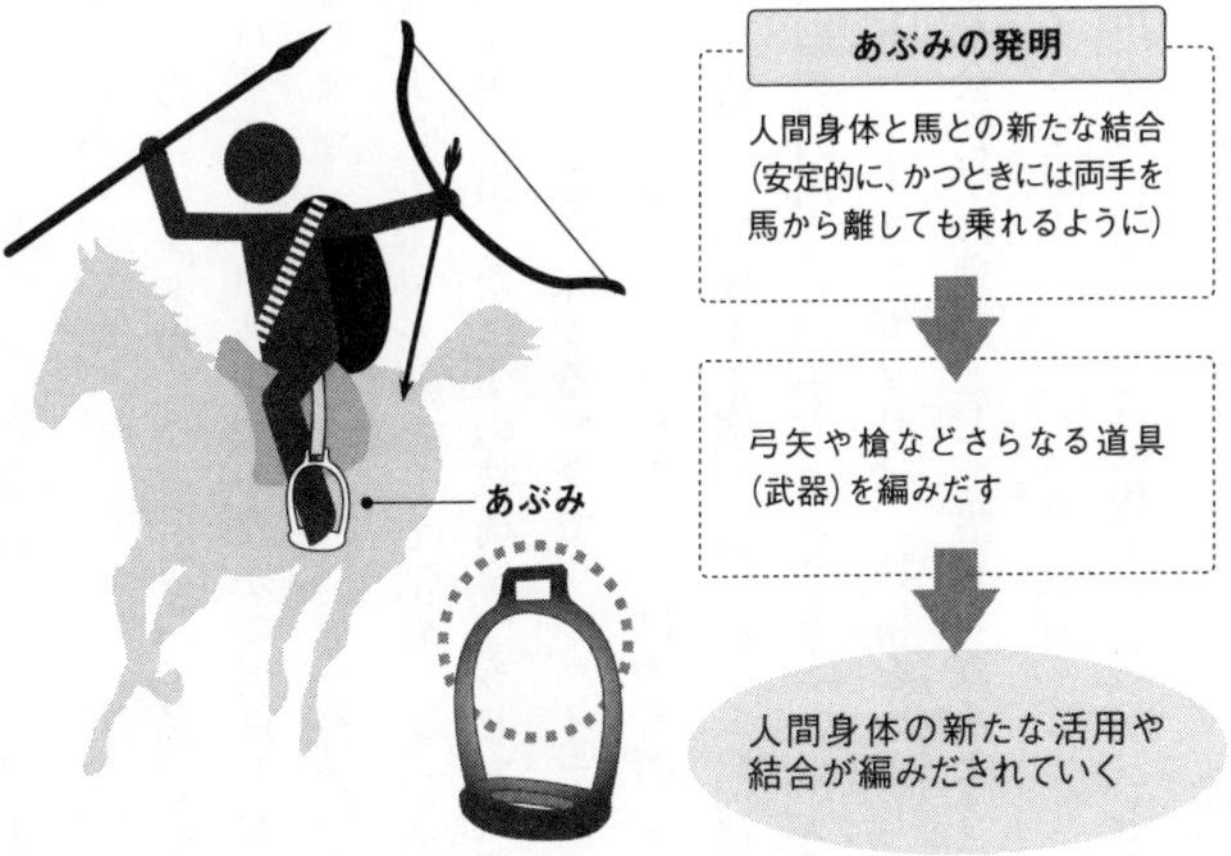

ト＝編成」のメカニズムがあります。

　もちろんこうした道具をつうじた「アレンジメント」は人間身体と自然との結合にとどまるものではありません。なぜならそれはさらに人間同士の結びつきや関係をも編成するからです。たとえば「あぶみ」によって新しい武器を人間が活用できるようになれば、軍隊が編成される仕方もその武器をつかった戦いにふさわしいものへと変わっていきます。つまり道具をつうじて社会関係そのものが編成されていくのです。そうした社会関係そのものの編成も含んだ、ものごとの配置として「機械状アレンジメント」という概念はつかわれています。引用文で「道具は〈自然 - 社会〉の機械状アレンジメントを定義する結合や合体と切り離すことができない」といわれているのは、こうした意味においてです。

カンのいい読者なら、ここまで考察してきて、この「機械状アレンジメント」の概念が、ハイデガーが技術論のなかで展開した「用立て」の概念にひじょうに近いことに気づくでしょう。「用立て」とは、たとえば伝統的な山番が現代のテクノロジーのもとで否応なく、大量の木材を紙として消費する巨大な産業機構のなかに組み込まれていくように、人間が生み出したはずの技術をつうじて人間存在が特定のメカニズムのもとへと徴用されていくことを意味する概念です。ハイデガーは技術、とりわけ現代のテクノロジーが、たんに便利な道具をつくりだすだけのものではなく、それをつうじて人間身体を徴用し、他の存在物との関係を定め、人間の社会関係そのものを編成する力をもつことを論じました。右の引用文で「テクノロジー」という言葉がでてくるのは決して偶然ではありません。ドゥルーズとガタリは、技術をめぐるハイデガーの存在論から大きな着想を得て、それを社会哲学の理論として耐えられるよう精緻化しました。そうして生まれたのが「機械状アレンジメント」という概念なのです。

引用文の冒頭で「(機械状アレンジメントは) 財の生産にかかわるものだとは思えない」という指摘がでてきます。これは、生産関係にとりわけ着目する従来のマルクス主義の分析では社会のなりたちを理論化しきれないのではないか、ということを指摘しています。その不十分さを補うためにハイデガーの技術論が援用されているのです。

政治とは何か

政治とは何か❶　友／敵理論

シュミット

『政治的なものの概念』

一九三二年

ナチズムの政治理論を支えたとされるドイツの法哲学者カール・シュミット（一八八八〜一九八五）の代表作の一つ。善悪の区別を政治理論から排除し、政治的なものの本質が友と敵との区別にあるという「友／敵理論」を提示した。

カール・シュミットは二〇世紀初頭から後半まで、長きにわたって活躍し、多くの業績を残したドイツの法哲学者です。第二次世界大戦ではナチズムに協力したために日本ではとても評判が悪いのですが、法や政治の基礎について本質的かつ深い考察をしており、「ナチに加担したからダメ」と切り捨ててしまうにはあまりに重要な人物です。

今回取り上げる『政治的なものの概念』は彼の代表作のひとつで一九三二年にだされました。この著作のなかでシュミットは、国家をはじめとする政治的なものはどのような原理で成立しているのか、ということを論じています。すなわち、そこで問われているのは、そもそも政治の本質とは何かという問題です。シュミットはこう述べています。

政治的な行動や動機の基因と考えられる、特殊政治的な区別とは、友と敵という区別である。この区別は、標識という意味での概念規定を提供するものであって、あますところのない定義ないしは内容を示すものとしての概念規定ではない。それが他の諸標識から導きだされるものではないというかぎりにおいて、政治的なものにとって、この区別は、道徳的なものにおける善と悪、美的なものにおける美と醜など、他の対立にみられる、相対的に独立した諸標識に対応するものなのである。

（田中浩・原田武雄訳、未來社）

シュミットは例として、道徳においては「善と悪」という区別がその本質的な原理となっていると指摘しています。善と悪という区別があるからこそ、道徳という領域が成立しているのだ、ということです。同じように、経済においては「利」と「害」が本質的な区別となります。人びとが「利益を得よう」「損害を避けよう」とするからこそ、経済という領域が人間社会に成立するのだ、ということです。

では、政治においてはどのような区別が本質的な指標となるのでしょうか。それは〝友〟と〝敵〟という区別である、とシュミットは考えます。

ここでいう「敵」とは決して比喩的な意味における敵ではありません。それは具体的な

政治の本質とは何か

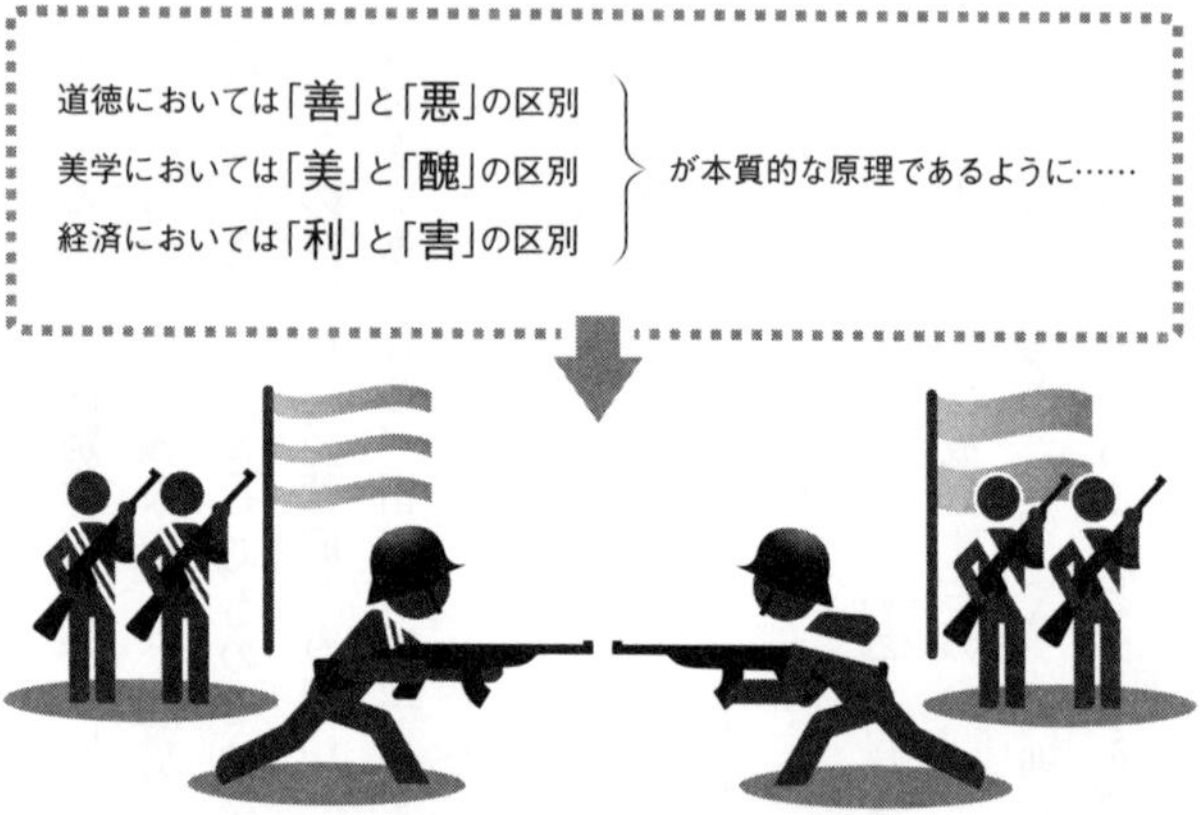

政治とは「友」と「敵」を区別する営みである

意味において解釈されなくてはならない、とシュミットは強調しています。つまり、ここでいわれている「敵」とは、最終的には暴力を行使して殺害するところまでいきつく可能性のある相手だということです。ひるがえって「友」とは、そうした敵から保護すべき仲間、もしくは敵に対して共に戦う仲間のことです。要するに、暴力の行使をもいとわない対立が「友」と「敵」を区別させるのです。そうした「友／敵」の区別が政治という領域を根本的になりたたせている、とシュミットは論じているのです。

　このようなシュミットの理論はしばしば「暴力を肯定し、正当化するもの」だと批判されてきました。「だからナチズムに傾斜したのだ」ともいわれてきました。いまでもそのように批判する人は少なくありません。

とはいえ、シュミットの理論をそのように批判することは決して正しい解釈ではありません。というのもシュミットは「だから暴力を行使することは正しい」と主張しているのではないからです。あくまでも、政治的な領域は暴力の行使にいきつくような「友／敵」の区別のうえになりたっている、という事実的な確認をしているにすぎません。

この点について、政治的なものの典型である国家を例に考えましょう。

国家はときとして戦争をします。それは相手を支配するためであったり、自国を守るためであったりします。そのとき、戦争の相手国は敵であり、その敵を倒すために動員された兵士やその背後にいる国民は友です。戦争が善いことなのか悪いことなのかは置いておきましょう。善悪はともかくも、そのように敵と友に別れて戦うことがありうるということが、国家という「政治的なもの」を存立させている、ということです。

さらにいえば、国家は日常的にも、法を維持するために暴力（物理的強制力）をもちいます。つまり法に違反した人を逮捕し、監禁する。誰かを逮捕し、監禁する、ということは、その人がたとえ暴れても力ずくで押さえこみ拘束する、ということです。こうした物理的強制力を最終的にもちいるのでなければ法は維持されえません。このとき、法律違反者は「敵」であり、その敵を逮捕するために動員された警官やその背後にいる国民は「友」です。法律違反者を「敵」だとみなすのは少し大げさすぎるのではないかと思う読者もいるかもしれません。法律違反者は、法によって体現された秩序を維持しようとする人たちにとっては暴力（物理的強制力）をつかってでも取り締まるべき事実上の「敵」であると考えると、わかりやすいかもしれません。要するに、「友／敵」の区別が政治の本質だというのは、暴力こそが政治的なものをなりたたせている、ということなのです。

最終的に暴力（物理的強制力）をもちいるのでなければ法を維持することはできない。これはあくまでも事実上の問題であり、「善い・悪い」の問題ではありません。もちろん多くの人が「あんな法律には従いたくない、あんな法を課してくる政府には従いたくない」と思うことはつねにありえます。そのときは、政府がもちいる暴力に対抗してでも法にあらがう人が多数でてくることで、国家のなかで「友」と「敵」が分裂することになるでしょう。とはいえその場合でも「友／敵」の区別そのものが消滅するわけではありません。戦争が起ころうが、平時だろうが、国家が分裂しようが、「友／敵」の区別は残るのです。

政治は「善い・悪い」の区別のもとで成立する道徳の領域とは異なった地平で存在しています。しかしあまりに多くの人が両者を混同しています。それでは政治を思考することはできません。その混同から脱することがシュミットを読む意義だといえるのです。

政治とは何か❷ 一般意志と全体意志

ルソー
『社会契約論』
一七六二年

封建制度における人間の隷属的な状態を批判し、自由な個々人の結合から生まれる〝一般意志〟によって形成される民主主義的な国家観を主張したルソー（一七一二～七八）の主著。フランス革命や日本の自由民権運動にも影響を与えた一冊。

私たちの多くは民主主義こそ望ましい政治のあり方だと考えています。民主主義とは、人民の意志にもとづいて統治がおこなわれる政治のあり方のことですね。では、その人民の意志はどのように抽出されるべきでしょうか。なにをもって人民の意志だと考えればいいでしょうか。この問いにかんして、一八世紀にフランスで活躍した哲学者ジャン＝ジャック・ルソーは、人民の意志には二つの種類があると述べています。一つは「全体意志」で、もう一つは「一般意志」です。

以上にのべたところから、一般意志は、つねに正しく、つねに公けの利益を目ざす、ということが出てくる。（略）

全体意志と一般意志のあいだには、時にはかなり相違があるものである。後者は、共通の利益だけをこころがける。前者は、私の利益をこころがける。それは、特殊意志の総和であるにすぎない。しかし、これらの特殊意志から、相殺しあう過不足をのぞくと、相違の総和として、一般意志がのこることになる。

（桑原武夫・前川貞次郎訳、岩波文庫）

まず、全体意志とは何でしょうか。右の引用文をみてみましょう。そこでルソーはこう述べています。「（全体意志は）私の利益をこころがける。それは、特殊意志の総和であるにすぎない」と。「特殊意志」とは個々人がもつ個別的な意志のことです。この社会にはいろんな人がいます。各人はそれぞれ異なった意見をもち、異なった利害関係のもとに置かれています。だから当然、彼らが政治に望むこともそれぞれ異なります。そうしたさまざまに異なった各人の意志を単純に足し合わせたのが、全体意志です。

これに対して、一般意志は「公けの利益を目ざす」といわれています。個々人の利害関心（私的な利益）を足していったものではなく、それらに共通する利益（公けの利益）を求めるのが、一般意志だということです。

では、どのようにして個々ばらばらの利害関心から一般意志を抽出することができるの

一般意志

でしょうか。引用部分でルソーは「これらの特殊意志から、相殺しあう過不足をのぞく」と述べています。これはじつは難しい表現で、研究者のあいだでもさまざまな議論がなされているところですが、ここでは素直に次のように理解しておきましょう。すなわち、個々人の利害関心のうち、それが実現されれば互いの利益を打ち消しあってしまう（相殺しあってしまう）部分があり、そうした打ち消しあう部分をのぞいたものが一般意志である、と。

たとえば政府予算のつかい方について、高齢者は年金や介護、高齢者医療をもっと拡充してほしいという利害関心をもっています。これに対し、子育て世代は保育施設の充実など、子育て支援にもっと予算をつかってほしいと望みます。経済界は景気対策にもっと予算をつかうべきだと考えますし、労働者側は雇用対策を充実させるべきだと考えます。私のように教育や研究にたずさわっている人間なら、もっと文教予算を増やせと主張するでしょう。

こうした個々の要望をすべて足し合わせたのが全体意志です。ただ、これらの要望すべてに応えていったら財源がいくらあっても足りません。事実、二〇一九年度の日本政府の一般会計予算をみると、歳出（支出）総額は一〇一兆四五七一億円であるのに対して、税収などの収入は六八兆七九六六億円しかありません。つまり、日本政府は三二兆円以上の借金をして一年間の予算をやりくりしているという状態なのです。

ですので、財源の問題を考えれば、全体意志のどこかを削らなくてはなりません。その場合、誰かに我慢をしてもらうことになりますから、たがいに相殺《そうさい》しあう要求をとりのぞくだけでなく、できるだけ広く人びとの意見をきき、社会の情勢などさまざまなことを勘案することで、予算に優先順位をつけ、みんなが納得できるような最適解を探すことが必要となります。その最適解が一般意志といわれるものです。

もちろん、そのときに選ばれた最適解が本当に最適なものかどうかはわかりません。そのつど検証の余地は残るでしょう。また、一般意志として抽出されたものが誰にでも納得されうるものになっているともかぎりません。全体的な最適化を求めることで、みんながなにかしらの不満を抱くことだってないとはいえません。

それでも重要なのは、一般意志は決して全体意志とは一致しない、ということです。個々の利害関心を足し合わせていけば一般意志になるわけではないのです。世論調査の趨《すう》勢《せい》がそのまま政治に反映されるわけではない、ということです。

こうした不一致は政治というものに本質的に内在する事柄です。政治とは、そこに住んでいるすべての人が従わなくてはならない集団的意志決定をおこなう営みです。人びとの意見はそれぞれ異なりますが、政治をつうじておこなわれる集団的意志決定はそれを一つにまとめたものです。だから、民主主義の原理のもとでいくら公共の利益をめざして導きだされた政治的決定でも、人びとの要望と一致することはほぼありえないのです。

この点でいえば、人びとの声に寄り添うことこそ政治の役割だと考えるような道徳主義者は、本来、政治には向いていません。ルソーの一般意志と全体意志の区別は、そうした厳しい認識を私たちにつきつけているのです。

とはいえ実際のところは、特殊意志の総和としての全体意志に往々にして引きずられてしまうのが政治の姿です。六八兆七九六六億円しか税収などの収入がないのに歳出総額が一〇一兆円以上もある日本政府の財政のあり方が、それを如実に示しています。

政治とは何か❸　心情倫理と責任倫理

ヴェーバー

『職業としての政治』

一九一九年

ドイツの社会科学者ヴェーバー（一八六四～一九二〇）が、あらゆる政治行動は暴力に支えられた人間の人間に対する支配関係であるとし、そんな政治の実践者に必要な資質と倫理を論じた名著。第一次大戦直後のミュンヘンでの講演にもとづく。

正しい動機から行動したからといって、それが正しい結果をもたらすわけではない——。

これが政治の難しいところです。

たとえば「弱者救済」という動機から行動することは美しいですが、それが近年の南米諸国におけるように結果的に財政支出を増大させ、国家財政を破綻《はたん》させてしまったら元も子もありません。そうなれば弱者だけでなく社会全体が苦しむことになってしまいます。

事実、現代の日本社会はそうした事態がつねに顕在化する状況にあります。高齢者の数が増加するなかで、高齢者福祉を充実させ、貧困高齢者の生活を少しでも向上させようとすることはたしかに美しいです。しかしそれは、現役世代の税負担を重くし、子育て支援の財源を奪い、政府債務を積み上げることによって将来世代にツケをまわしかねません

（現にそうなっています）。それがつづけば少子化にさらに拍車がかかり、税負担をする現役世代の数がますます減って、国家財政がさらに逼迫《ひっぱく》してしまいかねません。少子高齢化や人口減少がすすむ日本では、正しい動機から行動することがかえって悪い結果をもたらしてしまいかねない状況がいたるところにあるのです。

とはいえ、これは現代の日本だけに限った話ではありません。原理的には政治そのものに内在するジレンマです。このジレンマをめぐってマックス・ヴェーバーは『職業としての政治』のなかで、政治にたずさわるさいの倫理的な姿勢には「心情倫理」と「責任倫理」の二つがあると論じています。

まずわれわれが銘記しなければならないのは、倫理的に方向づけられたすべての行為は、根本的に異なった二つの調停しがたく対立した準則の下に立ちうるということ、すなわち「心情倫理的」に方向づけられている場合と、「責任倫理的」に方向づけられている場合があるということである。心情倫理は無責任で、責任倫理は心情を欠くという意味ではない。もちろんそんなことを言っているのではない。しかし人が心情倫理の準則の下で行為する——宗教的に言えば「キリスト者は正しきをおこない、結果を神に委ねる」——か、それとも、人は（予見しうる）結果の責任を負うべ

二つの倫理的姿勢

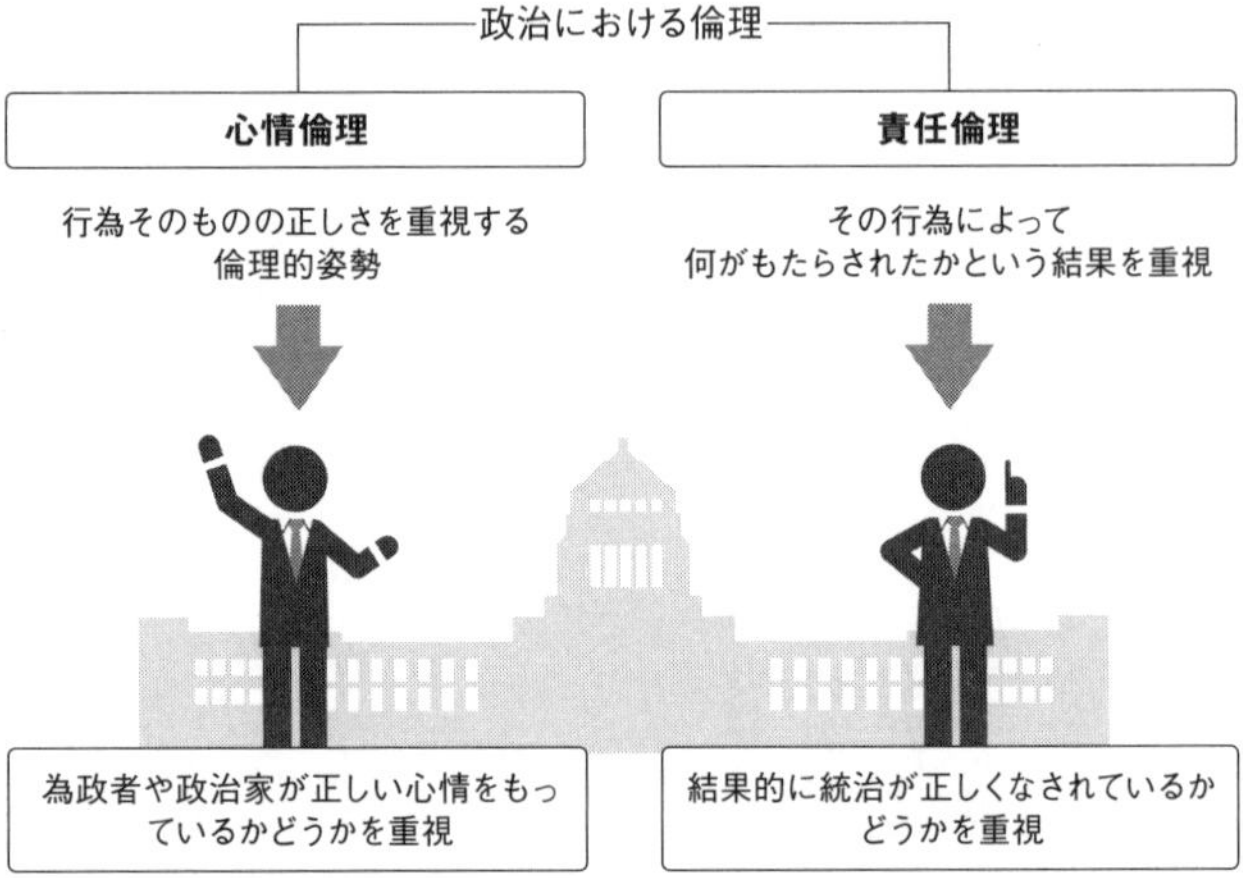

きだとする責任倫理の準則に従って行為するかは、底知れぬほど深い対立である。（脇圭平訳、岩波文庫）

まず「心情倫理」とは行為そのものの正しさを重視する倫理的姿勢を指しています。そこでは、自分がいかに正しい心情から行為をおこなっているかが重視されるのであって、その行為によってどのような結果がもたらされるかは副次的な問題にすぎません。これに対して「責任倫理」は、正しい心情から行為がなされたかということよりも、その行為によって何がもたらされたかという結果を重視します。そしてその結果に責任を負うべきだと考えます。「心情倫理」は為政者や政治家が正しい心情をもっているかどうか（高い人間性をもっているか、自己保身や権力欲に走っていないか、革命の理念を正しく理解しているか……）を重視しますが、「責任倫理」は為政者や政治家の人間性がどうであれその統治によってもたらされた結果を重視する、ということです。

ヴェーバーはこれら二つの倫理的姿勢のうち、「心情倫理」を政治にたずさわる人間にはふさわしくないものとして退けます。逆にいえば「責任倫理」こそ政治にたずさわる人間がもっているべき倫理的姿勢だということです。ヴェーバーによれば、「心情倫理」は政治にふさわしくないというだけではありません。「心情倫理」によって政治が動かされてしまうこと自体、危険であるとすらヴェーバーは述べています。

なぜでしょうか。その理由は「政治とは何か」という問題にかかわっています。

政治とはそもそも何でしょうか。政治とは、その地域のすべての人びと（たとえば日本列島という地域にいるすべての人びと）が従わなくてはならない共通の「決まり」を決定することです。ですので、殺人に対してどのような刑罰を科すかを決めることはもちろん、政府の予算をどのようにつかうかを決めることも政治の営みです。

ただ、予算のつかい方や土地の活用法など、限りある資源をどうつかうかを決める場合、すべての人の要望を聞き入れることは不可能です。予算には限りがあるので、高齢者福祉を充実させれば子育て支援の財源が減ってしまうということがつねに起こりえます。予算の場合は納税者の負担も考えなくてはなりません。そうなると「心情倫理」はたちまち行き詰ってしまいます。それどころか、すべての人に優しくあろうとする「心情倫理」では財政状況を悪化させ、結果的にすべての人を不幸にさせてしまうかもしれません。

ほかにも深刻な問題があります。政治とはすべての人が従うべき決まりを決定することなので、それに違反した人間を逮捕・処罰するなど、どうしても物理的な強制力を行使せざるをえません。物理的な強制力を手段としてもちいることにこそ政治の政治たるゆえんがあります。その物理的な強制力を「心情倫理」はうまく扱うことができません。物理的な強制力によって相手を従わせること自体、心情的には「正しくない」「嫌な」ことだからです。

それどころか「心情倫理」は心情的な正しさを政治の場面で実現しようとするあまり、心情的に正しくない人間に対しては何をしてもいいという倒錯した発想をもたらすことさえあります。中国の文化大革命における大量虐殺や、日本における連合赤軍のリンチ殺人事件などは、革命の理想を実現するためには何をしてもいいという発想から起こったものでした。物理的な強制力をもちいること自体に対する冷静な考察よりも、心情的な正しさを優先させてしまう「心情倫理」は、政治にとってあまりにナイーブで危険なのです。

政治とは何か❹　例外状況と主権(1)

シュミット
『政治神学』
一九二二年

初期ナチス政権の法学・政治理論を支えたとされるドイツの法哲学者カール・シュミットの初期の政治論。冒頭の「例外状況」の一文は、前世紀以来のブルジョワ的法治国家思想や決定を回避する議会主義に対する挑戦を意味した。

新型コロナ危機の影響で、「緊急事態」だとか「非常事態」といった言葉を日常的に聞くようになりました。ただしこれらの言葉は新型コロナ危機が起こる以前から、しばしば政治の世界に登場していました。たとえば二〇一五年一一月、フランスのパリでコンサートホールやサッカー場などを標的としたテロ事件が発生し、一二〇人以上が死亡しました。これを受けてオランド大統領（当時）はフランス全土に非常事態を宣言。これによって警察当局は、裁判所の令状がなくても家宅捜索ができたり、公共の秩序と安全に対し危険な活動をしているとみなした人びとを自宅軟禁することができたりと、警察権限が強化されました。

また、二〇一六年七月にはトルコで軍の一部によるクーデタ未遂事件が起き、それを受けてエルドアン大統領が三ヶ月間の非常事態を宣言しています（宣言はその後、七回にわたって延長されました）。この非常事態宣言によって、エルドアン大統領を議長とする閣僚会議は、国会の審議を経ずに法律と同等の効力をもつ政令を発布することができるようになりました。つまり、政府が国会の審議をとびこえて国民に直接命令できるようになったのです。この非常事態宣言がだされて最初に発布された政令は、犯罪への関与が疑われる人物を訴追なしで拘束できる期間を、従来の最長四日間から非常事態期間中は三〇日まで延長できる、というものでした。

日本では、憲法改正をめぐる議論のなかで「緊急事態」という言葉が聞かれるようになっていました。大規模な自然災害が発生した、あるいは外部から武力攻撃を受けた、といった「緊急事態」において政府の権限はどうあるべきか――。これについては現行の憲法にはまったく規定がないので、それを定める条項を新たに入れるべきではないか、という議論です。たとえば、衆議院議員の任期は四年ですが、大規模な自然災害が発生したときにちょうどその任期が満了してしまったらどうなるでしょうか。東日本大震災を思い起こせばわかるように、総選挙なんてできない状況が被災地には広がります。総選挙ができない状況で衆議院議員が任期を迎えてしまえば国会議員がいない状態が日本に生じてしまいます。それではまずいので、それを避けるために、「緊急事態」においては衆議院議員の任期を延長できるようにしよう、というのがここでの改憲論の趣旨です。
こうした「非常事態」「緊急事態」については、これまで政治哲学的にもさまざまな考察がなされてきました。そのなかでもとりわけ有名なのが、カール・シュミットの一文です。これは彼の『政治神学』という著書の冒頭にでてくる言葉です。

主権者とは、例外状況にかんして決定をくだす者をいう。

（田中浩・原田武雄訳、未來社）

まず、この文章で「非常事態」「緊急事態」に当たるのは「例外状況」という言葉です。この例外状況という概念をどう理解するのかは、シュミット解釈においてひじょうに難しい問題ですが、ここではさしあたって〈現行の法律では対処できないような事態・状況〉だとシンプルに理解しておきましょう。そうした〈現行の法律では対処できないような事態・状況〉が生じたとき、それでも国民の生命や財産、そして法秩序を守るのが、主権者（ここではさしあたって最高権力者と理解しておいてください）の役目だということです。
とはいえ、国民の生命や財産、法秩序を守るといっても、例外状況とは現行の法律では対処できないような事態・状況のことですから、例外状況でそれらを守るために既存の法

主権者とは例外状況にかんして決定をくだす者

律に頼ることはできません。非常事態が宣言されたフランスで、裁判所の令状なしに家宅捜索ができたり、危険人物を自宅軟禁することができたりする権限が警察当局に与えられたのは、そのためです。また、非常事態宣言下のトルコで、大統領を議長とする閣僚会議が国会の審議をとびこえて法律と同等の効力をもつ政令を発布することができるようになったのも、同じです。この点で、例外状況とは、本来あるべき法秩序を守るために法そのものが一旦停止される事態である、と考えることができます。法秩序を守るために法が停止されるという、ひじょうに逆説的な事態です。

　逆説的、というのは、主権者について

もいえます。というのも、例外状況において主権者は、現行の法秩序の内にいながらも（というのも最高権力者の権限は法によって与えられているから）、現行の法秩序の外にたって権力を行使するからです。国会の審議をとびこえて政令を発布することのできるトルコの閣僚会議はまさにそうした主権者の姿を体現しています。本来あるべき法秩序を守るために法をこえて決定することができる者こそ主権者です。ただしこのことは、大統領や内閣といった最高権力者（機関）としての主権者についてだけ当てはまるのではありません。国民主権における主権者についても当てはまります。たとえば日本国憲法を改正するには国会の議を経たあと国民投票で過半数の賛成が必要ですが、これは言い換えるなら、日本国民は過半数の賛成があれば現行の憲法の外で決定をくだすことができる、ということです。シュミットが例外状況を法の問題として重視するのは、こうした主権者と法の関係をあぶりだしてくれるからなのです。

政治とは何か❺ 例外状況と主権(2)

シュミット『政治神学』

引き続き、カール・シュミットの「例外状況」の哲学について考えていきましょう。

シュミットのいう「例外状況」とは、現代の私たちが「非常事態」だとか「緊急事態」などと呼んでいるものです。たとえば二〇一五年一一月にフランスでコンサートホールやサッカー場などを標的とした大規模なテロ事件が発生し、一二〇人以上が死亡しました。これを受けてオランド大統領はフランス全土に非常事態を宣言しました。この非常事態宣言によって、フランスの警察当局は裁判所の令状がなくても家宅捜索ができたり、公共の秩序と安全に対して危険な活動をしているとみなした人びとを自宅軟禁できるようになりました。

例外状況とは〈現行の法律では対処できないような事態・状況〉を指しています。そうした状況が出現したとき、それでも公共の秩序や安全を守ろうと思ったら、現行の法律に頼ることはできません。なんらかの「超法規的」な措置が必要となります。非常事態が宣言されたフランスで、裁判所の令状なしに家宅捜索ができたり、危険人物を自宅軟禁することができたりする権限が警察当局に与えられたのは、その一例です。

こうした超法規的な措置は権力の乱用につながる可能性があるため、「非常事態」や「緊急事態」といった概念に強い警戒心をいだく人もいます。実際、日本では憲法改正をめぐる議論のなかで「緊急事態条項」を憲法に書き込むべきだという意見がだされていますが、多くの人の警戒をまえになかなか議論が広がっていません。

では、なぜシュミットは例外状況という概念に着目するのでしょうか。それは、例外状況においては法に不可欠な「決定」という要素が純粋なかたちであらわれるからです。シュミットはこう述べています。

例外とは、推定不可能なものである。それは、一般的把握の枠外にでる。しかし、同時にそれは、決定という純法律学的形態要素を、絶対の純粋さにおいて明示するものである。（前掲書）

どういうことでしょうか。まず、政治とはそもそも何なのかという問題から考えましょう。政治とは、その領域のすべての人が従うべき集団的な決定をおこなうことです。たとえば消費税率を八％から一〇％に上げる、というのも一つの集団的な決定です。それが決定されれば、日本に住んでいる人たちはそれに従わなくてはなりません。従わなければ、なんらかの罰則を被ってしまいます。ただ、政治においてはそうした決定は法律というかたちをとります。法律は国会で議員たちによって制定されますが、それは国会で人びとが従うべききまりを法律として決定している、ということです。法律とはそうした集団的な決定がまとめられたものにほかなりません。

この点で、決定は法律の存在そのものをなりたたせている本質的な要素です。引用文のなかでシュミットが「決定という純法律学的形態要素」と述べているのは、法律というものの存在の根底には決定という行為があるからです。したがって、法の根源（と政治の本質）を理解するためには決定について考察しなくてはなりません。例外状況はその決定を「絶対の純粋さにおいて明示する」のです。

では、なぜ例外状況においては決定が純粋なかたちであらわれるのでしょうか。それは、例外状況そのものが既存の法律では対処できない状況であるからです。既存の法律では対処できない状況である以上、現にその例外状況が生まれているということを既存の法律をあてはめて決定することはできません。フランスでは一二〇人以上が死亡したテロが起きたことで非常事態が宣言されましたが、どれくらいのテロで、何人死んだら非常事態だ、ということをあらかじめ法律で規定することは不可能です。引用文にあるように「例外とは、推定不可能なもの」なのです。つまり、例外状況が現に生じたと決定するということは、法（では対処できないという限界）について法をこえて決定するということです。法（の限界）についての決定が法よりも前面にでてくるわけですね。これによって、法の根拠である決定が純粋なかたちで明示されるのです。そして、その決定を担う者こそ、シュミットは主権者だと定義するのです。

さらにいえば、現に例外状況が生じたと決定するためには、正常な法秩序とはどのようなものなのかという秩序意識があらかじめ存在していなくてはなりません。その正常な法秩序が崩れたと考えられるからこそ、例外状況を宣言できるわけですから。なんの根拠もなく、なんでもかんでも「例外状況だ」と宣言するわけにはいきません。要するに、例外状況について決定するということは、同時に、正常な法秩序とはどのようなものかということを遡行的に決定することでもあるのです。この「正常な法秩序とはどのようなものか」を決定する秩序意識もまた、個々の法律をなりたたせる根底にあるものです。この秩序意識にのっとって個々の法は制定されるわけですから。

このように例外状況は、法の根源にあるものを考察すること、すなわち法の存在論に私たちを導くのです。

国家とは何か

国家とは何か❶

国家の不可避性

スピノザ

『国家論』

一六七五〜七七年

スピノザが最晩年に著した国家論。人間性の優れた観察者だったスピノザは、実際の人間性からかけ離れた空想的な国家論を排し、人間の感情と欲望にねざした国家のあり方を探究した。未完のまま死後に遺稿集の一編として出版された。

一七世紀オランダの哲学者、スピノザは『国家論』のなかで、国家は必然的に生まれてしまうものだと述べています。

およそ人間というものは、野蛮人たると文明人たるとを問わず、いたるところで相互に結合し、何らかの国家状態を形成する。ゆえに国家の諸原因とその自然的な諸基礎とは、理性の教説の中に求められるべきではなくて、かえって人間共通の本性あるいは状態から導き出されるべきである。

（畠中尚志訳、岩波文庫）

ときどき未開社会には国家はなかったなどといわれますが、スピノザにいわせればそんなことはありません。人間が集まればたとえ未開社会であろうと国家は生まれる。では、このときの国家とはいったい何なのでしょうか。

国家とは何かという問いは一見難しそうですが、国家というものの基本的な機能を抽出して考えるなら、それほど難しい問いではありません。国家とは、集団の誰もが従わなければならない「決まり」を決定し、それを物理的な強制力をつかって人びとに守らせる、その仕組みのことです。その「決まり」は、近代国家においては明文化された〝法〟として定立されますが、だからといってすべての国家形態においてかならずしも明文化されている必要はありません。ともかくも集団的な「決まり」に人びとを従わせ、守らなかった人間には強制的に何らかの制裁、つまり処罰を与える。その仕組みが国家と呼ばれるものの本質です。

たとえば戦国時代の日本には統一された国家は存在しませんでしたが、それでも各地の村は、泥棒がいたら自分たちで捕まえて処刑したり、他の村や武士たちの侵入をみずからの武力によって防いだり、ということをしていました。これを「自検断《じけんだん》」といいます。物理的な力によって集団的な「決まり」を貫徹する、という仕組みに注目すれば、国家は近代的な国家以外にもいたるところに見いだされるものなんですね。

日本の思想界では、国家を「悪」と考える傾向がとても強くて、「国家を廃棄すべき」

とか「グローバル化によって国家はいずれなくなる」、「国家を超えて」といった言説がそれこそ量産されてきました。しかしそうした言説はすでにできあがった近代的な国家のかたちだけを議論の前提としていて、国家とは何か、その本質はどのようなところにあるのか、という視点から国家を考えることはほとんどありません。もし国家を「物理的な力によって何らかの決まりを貫徹する」という仕組みからちゃんと考えるなら、そう簡単に「国家をなくすべき」とか「国家はいずれなくなる」とは言えないはずです。それこそ、そういう仕組みならどこにでも生まれてしまうものなのですから。

興味深いのは、そうした日本の思想界の「反国家的な」言説がスピノザを高く評価していることです。しかしスピノザは実際にはそうした反国家的な言説とは正反対のことを述べていました。誰もまともにスピノザを読んでいないんですね。肩書きだけは立派な大学の先生が偉そうなことをいっているからといって、だまされてはいけません。

スピノザの議論のポイントは、国家は避けられないもの、必然的なものだという点です。なぜ避けられないものなのかといえば、人間がそもそもそのようにできているからです。スピノザはこう述べています。

人間は必然的に諸感情に従属する。また、人間の性情は、不幸な者を憐れみ、幸福

国家は避けられないもの、必然的なもの

な者をねたむようにできており、同情よりは復讐に傾くようになっている。さらに各人は、他の人々が彼の意向に従って生活し、彼の是認するものを是認し、彼の排斥するものを排斥することを欲求する。この結果、すべての人々はひとしく上に立とうと欲するがゆえに、みな争いにまきこまれ、できる限り仲間を圧倒しようとつとめ、こうして勝利者となる者は、自分を益したことよりは他人を害したことを誇るに至る。（同前）

要するに、人間は、幸福な者をねたんだり、自分の思いどおりに他人が行動してくれることを欲求したり、自分がいいと思うことを他人もいいと思うよう望んだりするようにできている、その結果、みながみな、他人の上に立とうと欲し、できるかぎり他人を圧倒しようとつとめる、ということです。スピノザによれば、人間とはこうした性向をもつ生き物である以上、何らかの決まりに人びとを強制的に従わせようとする国家の仕組みは不可避的に生じてしまうのです。

少しでも現実を冷静にみることができるならば、人間は理性で生きているわけではなく、卑しい欲望にしたがって生きている、というスピノザの考えはよく理解できるのではないでしょうか。人間は欲望に突き動かされ、自分にとって都合のいいことを正しいと主張し、自分の欲望を叶えるために他人を圧倒することもある。きれいごとなんて通用しないのが当たり前です。それどころか、自分にとって都合のいいことを「正しいこと」として他人に押し付けようとするのが人間です。

ただし、こうしたスピノザの考えを勘違いして、「人間とは本来ダメな存在なんだから、その人間に決まりを強制する国家が必要なのだ」というふうに受けとらないようにしましょう。スピノザはあくまでも、人間とはダメな存在ですぐに他人をみずからに従わせようとする、その「他人を従わせたいという欲望」から国家の原型は生まれてきてしまうのだ、という不可避性を述べているのであって、「人間はダメな存在なんだから、彼らを上から支配することが必要だ」と述べているのではありません。ヤクザの世界と同じで、誰もが自分の欲望のままに上に立とうとして、結果として強い者が「俺のいうことがルールだ」というかたちで集団を統治していく仕組みができていく。それは必然で不可避なことだとスピノザは述べているのです。よくいわれるような国家必要論と、スピノザのいう国家不可避論とはまったく別のものであって、両者を混同することはできないのです。

国家とは何か❷ もう一つの社会契約

ホッブズ
『リヴァイアサン』
一六五一年

一七世紀、ピューリタン革命期を生きたイングランドの哲学者トマス・ホッブズによる社会契約説。自然状態から必然的に結ばれる社会契約によって生まれる国家を、絶対的な権力を持つ存在として旧約聖書中の大海獣リヴァイアサンに例えた。

ホッブズ（一五八八～一六七九）は近代的な社会契約説の父といわれています。近代国家のなりたちを「社会契約」という概念をつかって初めて体系的・理論的に説明したのがホッブズだということですね。高校の教科書などでも社会契約説は説明されているので、ご存知の方も多いでしょう。その一般的な理解は次のようなものです。

まず、国家が成立する以前の状態を「自然状態」といいます。この自然状態では、犯罪を取り締まる法も政府もいまだ存在していません。ですので、人びとは自分の欲望のおもむくままに他人から略奪したり、女性を強姦したり、気に入らない奴を殺したりしています。逆に、そうした暴力から身を守るためには、誰もが自分で自分の身を守らなくてはなりません。自然状態とは「やるか、やられるか」という徹底的な自力救済の世界なんです

社会契約の一般的な理解

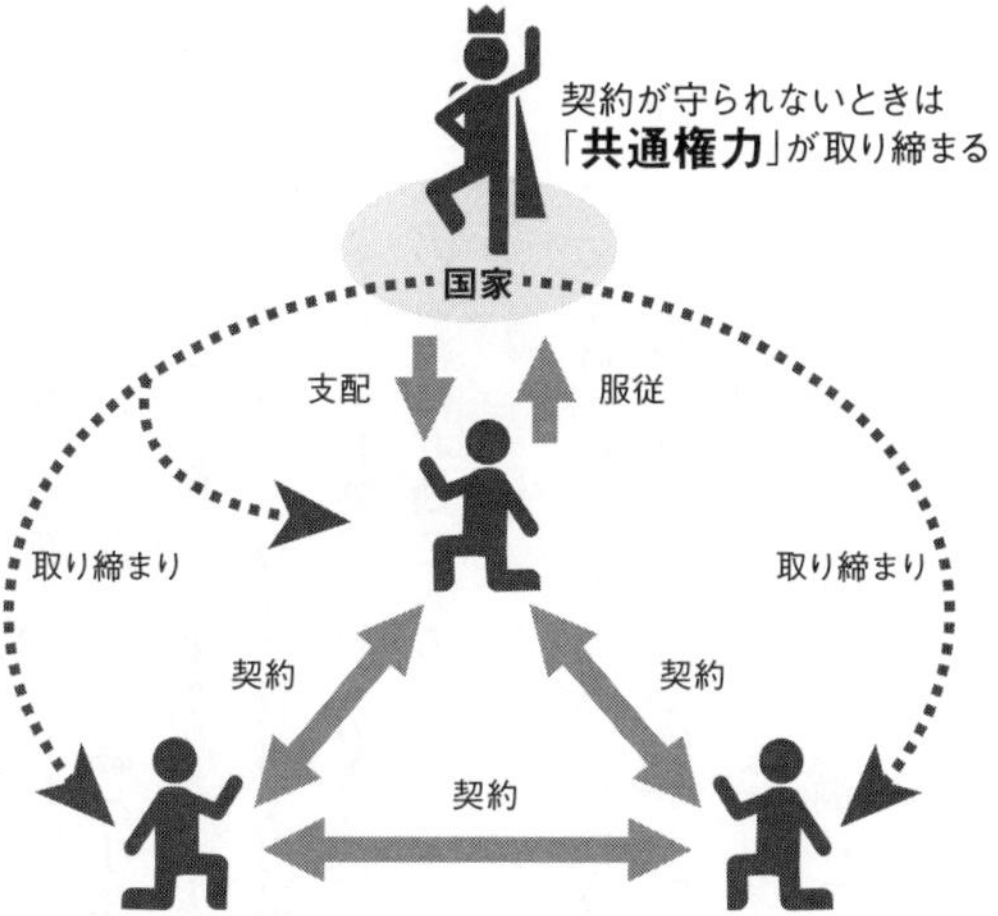

ね。しかしそれではあまりにもしんどい。つねに生命の危険があり、他者に対する恐怖のもとで生きていかざるをえない自然状態は多くの人にとって耐えられないものです。そこで彼らは、自然状態を終わらせるために、みんなで協力して共通の権力を打ちたてて、それに服従し、今後、勝手な暴力が行使されたときはその共通権力によってそれを取り締まることを約束します。その約束が社会契約といわれるものです。そして、打ち立てられた共通権力が政府となり、国家を形成するのです。

　これが一般的に理解されている社会契約説の概要です。が、ホッブズの『リヴァイアサン』を実際に読むと、じつはそれにはとどまらない社会契約のあり方が論じられていることがわかります。

まったくの自然の状態で、恐怖によってむすばれた信約は、義務的である。たとえば、私が敵に対して、自分の生命とひきかえに、身代金または役務《サーヴィス》を支払うことを信約すれば、私はそれに拘束される。すなわち、それは、一方が生命についての便益をえて、他方がそのかわりに貨幣または役務をえるという契約であり、したがって、（まったくの自然の状態においてのように）ほかにその履行を禁止する法がないところでは、その信約は有効である。

（水田洋訳、岩波文庫）

引用文にでてくる「信約」というのは聞き慣れない言葉ですが、これは社会契約説でいう「契約」と同じ意味です。ここではホッブズは次のようなことを述べています。まず、自分より強い敵がやってきます。そして私にこういいます。「殺されたくなければカネを払うか、もしくは俺のために働け」と。私は殺されたくないので仕方なくカネを払うか、敵のために働くことを約束（契約）します。これによって支配と服従の関係が生まれるのですが、自然状態においては――すなわちそれを禁止する政府（国家）がまだ存在しないところでは――その約束（契約）は有効です。というのも、一方（私）はそれによって殺されなくてすむという利益を得て、他方（敵）は私からの奉仕やカネを得ることができるから、要するに互いに利益を得るからである、と。

そんなのはおかしい！　と思う読者もいるかもしれません。これではヤクザやマフィアが自分のナワバリからカネを徴収するのと同じではないか、と。

ポイントはホッブズがここで〝自然状態においては〟という限定を付けていることです。たしかにすでに法が支配している国家状態ではこうした契約は犯罪であり、無効だといえます。しかし、そのような強要された「契約」を違法なものとして取り締まってくれるような政府も存在せず、また私も敵から逃れたり倒したりできない状況では、私は敵の要求に従わざるをえません。もしどうしても敵に従いたくないのなら、死ぬのを覚悟で徹底的にあらがえばいいわけですが、それをしないで服従するということは、要するに私自身「服従したほうが抵抗するより得だ」と判断しているということです。その意味で、そこでは互いに利益を得ており、契約も有効なのです。

こうした契約が〝自然状態においては〟有効であり、それによって支配関係が確立されるということは、いいかえれば、そうした契約も自然状態から国家を成立させる社会契約となるということです。ホッブズは、先に述べたような一般的な理解における社会契約のモデルとは異なった、別の社会契約のモデルをも考えていたんですね。みんなが協力して共通の権力をうちたてるというモデルではなく、強い人間や集団が内部からでてきたり外部からやってきたりして、有無をいわさず支配関係をうちたてるというモデルです。ホッブズはたしかに社会契約説の父なのですが、厳密には二つの契約論がそこでは考えられていたのです。

ホッブズは『リヴァイアサン』の終わりのほうでこう述べています。「あるコモン－ウェルス（引用者注：国家）のはじまりが、良心において正当化されうることは、世界にめったにないのである」と。ここから判断するに、ホッブズはどうも二つの契約モデルのうち、強者が無理やり支配関係をうちたてるモデルのほうを、より実態に即したものだと考えていたようです。

実際、歴史をみてもそうですよね。統治権力がうちたてられるのは、ほとんどが戦争（内戦を含む）に勝利した勝者によってです。人びとの自発的同意と協力によって統治権力がうちたてられた例は、素朴で小規模な共同体における場合を除けばほぼないといってよいでしょう。それでも原初の社会契約はある、と考えたところがホッブズの鋭いところです。どちらにせよ、それによって自然状態が停止され、他の暴力が取り締まられるようになれば、それでいいわけですから。

国家とは何か❸　所有権の起源について

ロック
『統治二論』
一六九〇年

一七世紀イギリスを代表する哲学者ロック（一六三二〜一七〇四）の主著。それまでの王権神授説を否定し、政治的統治の起源を所有権を守るための社会契約によるものと主張。アメリカ独立宣言やフランス革命にも影響を与えた。

ジョン・ロックは一七世紀イギリスの哲学者で、彼の政治哲学はアメリカ独立宣言にも大きな影響を与えたことで知られています。

前節で紹介したホッブズと同じように、ジョン・ロックも国家のなりたちを社会契約の概念によって説明しました。ロックによれば、国家の役割とは人びとの自由と財産を守ることであり、国家はその役割のために人びとによって自発的につくられたものです。だから、国家が人びとの自由を抑圧したりしてその役割を果たせないときは、人びとは革命を起こしてその国家を倒してもいい。ロックはそんな民主的でラディカルな国家論を主張しました。ホッブズの社会契約説を民主主義的にバージョンアップしたのがロックの社会契約説だといってもいいでしょう。

ただ、ここではロックの政治哲学のそうした民主的な性格についてではなく、もう少し理論的な問題について考察をしたいと思います。

人が、政治的共同体へと結合し、自らを統治の下に置く大きな、そして主たる目的は、固有権《プロパティ》の保全ということにある。
（加藤節訳、岩波文庫）

ロックは代表作『統治二論』のなかで、国家の目的は「固有権」の保全にあると考えました。「固有権《プロパティ》」とは各人に固有に備わっている権利のことで、具体的には自由と所有権を指しています。つまり、人びとの自由を保障し、所有権を守ることが国家の役割だということです。

この考え方でいくと、人びとは国家が成立する以前から所有権を固有なものとしてもっているということになります。では、どのように所有権は成立するのでしょうか。ロックは次の引用文にあるように、各人がみずからの労働を自然物に付与することによって所有権は成立する、と考えました。

自然が供給し、自然が残しておいたものから彼が取りだすものは何であれ、彼はそ

所有権の発生

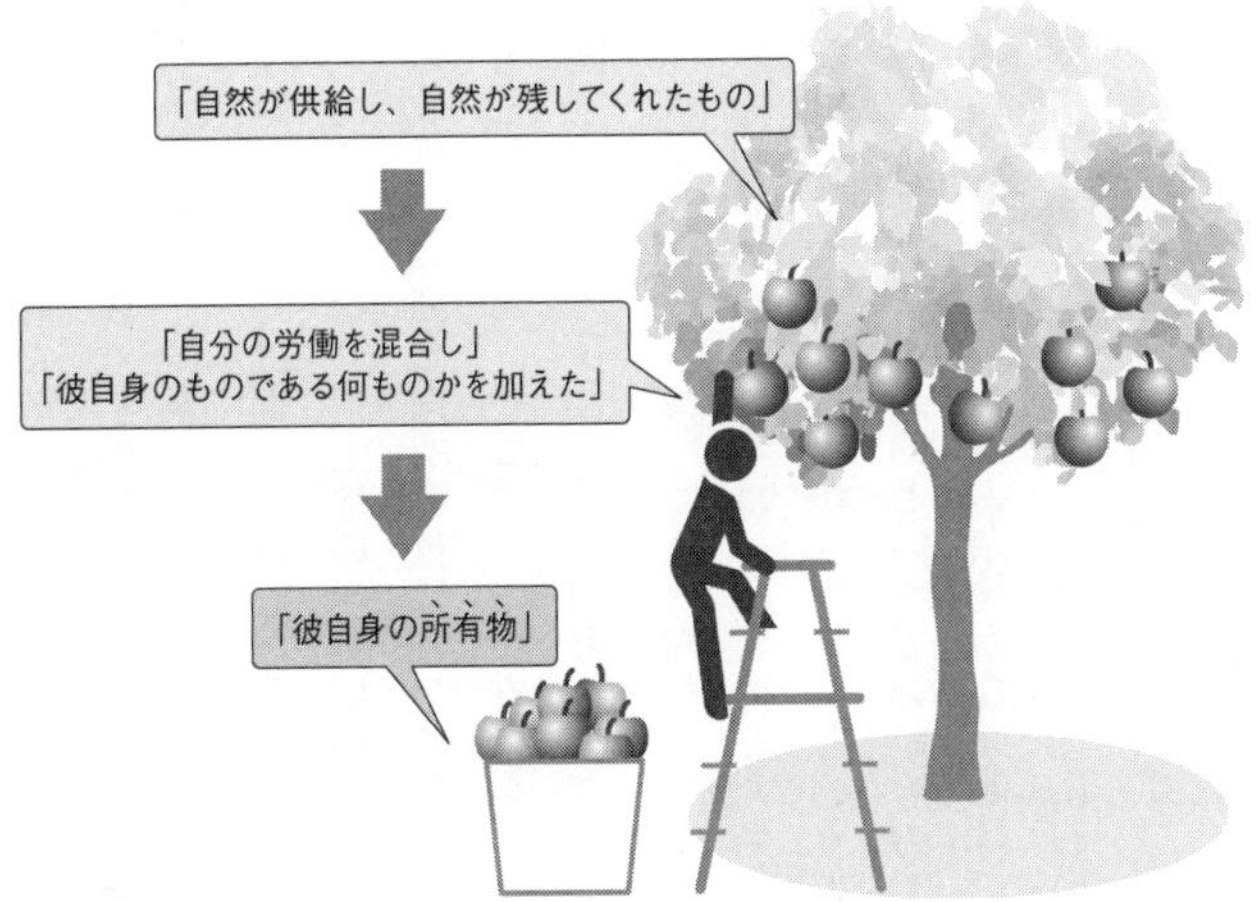

れに自分の労働を混合し、それに彼自身のものである何ものかを加えたのであって、そのことにより、それを彼自身の所有物とするのである。

(同前)

たとえば誰のものでもない樹木に果物がなっているとします。これは引用文にある「自然が供給し、自然が残しておいたもの」に該当します。あなたはそれを食べたくて、手を伸ばしてもぎ取ります。その瞬間、あなたは果物に「自分の労働を混合し」「自身のものである何ものかを加えた」ことになり、それによって果物はあなたの所有物になりました。あなたの労働が自然物に加えられたことで所有権が発生したのです。

このことはどんな自然物に対しても当てはまります。人類の社会でもっとも根本的な所有権とは土地の所有権ですね。あなたがもし誰のものでもない無主の土地にたどりつき、その土地を他から区別して耕したとします。それによってあなたはその土地に自分の労働を加えたことになり、土地の所有権があなたに発生するのです。

このように成立した所有権は、しかし、そのままでは自分より強い人間に奪われてしまうかもしれません。そこでその所有権を守ってもらうために、人びとが協力して設立したのが国家です。人びとはその国家を設立・維持するために、みずからの所有物の一部を税金として納めるのです。

こうしたロックの説明は、現代の私たちにとっても十分納得のいくものでしょう。とりわけ労働によって所有権がうまれるという説明は、労働によって賃金などの財産を得ている私たちにとって常識的といっていいものです。

とはいえそこには議論の余地がないわけではありません。たとえば、もし人びとが国家を設立するまえに――つまり自然状態において――敵がやってきてあなたの土地を奪ってしまったら、その土地の所有権はあなたのものでしょうか、それとも敵のものでしょうか。

ホッブズならこう答えるでしょう。その土地は明らかに敵のものである、と。ホッブズからすれば、国家が成立する以前の自然状態においてはそもそも所有権などというものは存在しません。それは、たんに他人より早くその自然物――土地や果物――にありついた人が、みずからの力のおよぶあいだ物理的に占有しているものにすぎません。いくら自然物に労働を加えたからといって、それだけでは所有権は成立しない、国家ができてその占有の事実を「権利上の所有」として認めて保護するようになってはじめて所有権はうまれる、というのがホッブズの考えです。物理的な占有と権利としての所有を混同してはいけない、とホッブズは主張するのです。

これに対してロックは、国家ができるまえから所有権はすでに成立していると考えます。国家によって認められようが認められなかろうが、労働によって所有権はうまれるのだ、と。そうでなければどうして人びとは国家なんて設立しようと思うのだろうか、みずから苦労して手に入れた所有権を守ろうとするからこそ人びとは国家を設立しようとするのであり、国家に保障されることではじめて所有権がうまれるのなら、人びとは守るものが何もないにもかかわらず国家を設立するというおかしな話になってしまう。これがロックの考えです。

実際にはどちらが正しいのでしょうか。国家ができることではじめて所有権も成立すると考えるホッブズと、国家ができるまえから労働によって所有権は成立すると考えるロック。同じ社会契約説でもじつは肝心なところがぜんぜん違うんですね。これはどちらが民主的かということ以上に理論的には重要な問題です。読者のみなさんはどちらがより妥当だと考えますか。

国家とは何か❹ 捕獲

ドゥルーズ、ガタリ
『千のプラトー』
一九八〇年

フランスの哲学者ジル・ドゥルーズと、精神分析家フェリックス・ガタリが、高度資本主義社会において複雑に入り組んだ人類の営みを新たなコンセプトで読み解いた、フランスの現代哲学を代表する大著。

前節では、所有権はどのように成立するのかという問題を考えました。ホッブズとロックはともに、国家はどのようになりたつのかを社会契約説で説明しながらも、所有権の成立については正反対のことを主張しています。

簡単に振り返っておきましょう。

ホッブズは国家の成立以前に所有権が発生することはないと考えました。たとえば、国家がまだない状態で、私がどこかに肥《ひ》沃《よく》な土地を見つけて、そこを耕して自分の土地だと主張しても、それだけでは所有権にはなりません。たんなる物理的な占有にすぎない、とホッブズはいいます。もし私より強い者が現れて土地を奪ってしまったら、そこはもう私の土地だと主張することはできないからです。税を納めることと引き換えに私たちをそんな強奪から保護してくれる国家という存在が生まれることではじめて、その保護のもとで所有権も成立するとホッブズは考えたのです。

ロックはそこに異論を差しはさみます。そもそも所有権は私が土地を耕した時点で成立する、と。そうでなければ国家が設立される理由はどこにあるのか、というわけです。私たちは自分の労働をつかって手に入れた所有権を守るために国家をつくった、というのがロックの考えです。この場合、所有権が先にできてそのあとに国家ができるという順序になります。

では実際のところはどちらが先なのでしょうか。

現代フランスの哲学者、ジル・ドゥルーズとフェリックス・ガタリは『千のプラトー』のなかでこの問題について論じています。まずは次の引用文をみてください。

同様に、私有制とは国家による公的所有制を前提にし、その編み目を通り抜けて出現するものであり、貨幣は税を前提にしている。（宇野邦一・豊崎光一ほか訳、河出文庫）

ちょっと難しい文章ですが、前半の「私有制とは国家による公的所有制を前提にし」という部分に注目してください。「国家による公的所有制」とは要するに税の徴収のことです。税とは国家が「その財産（の一部）は政府のものだ」というかたちで一方的に（＝本人が望まなくても）徴収するものですよね。つまり所有権（私的所有権）は国家による税の徴収があってはじめて成立する、とこの引用文は述べているわけです。「貨幣は税を前提にしている」という部分も同じことをいっています。ここでは貨幣＝私的財産と考えてください。私的所有権は国家が税を強制的に人びとから徴収し、それと引き換えに人びとを強奪などから保護することで成立する、ということです。明らかにドゥルーズとガタリはホッブズの立場にたっています。次の引用文がそれを詳しく説明しています。

しかしまさに、国家警察または法の暴力は、さらに異なった体制のものであり、捕獲する権利を制定しながら捕獲するという暴力なのである。これは構造的で体制に一体化された暴力であり、あらゆる直接的な暴力に対立する。国家はしばしば「暴力の独占」として定義されてきたが、この定義はもう一つ別の定義、国家を「法治国」Rechtsstaatとする定義にもとづいている。

（同前）

最初のポイントは「（国家の暴力は）捕獲する権利を制定しながら捕獲する」というところです。「捕獲」とは税の徴収のことを指しています。社会のなかで「税」というかたちで人びとから生産物（かつてはコメなど、現代ではカネ）を徴収できるのは国家だけです。他の組織や個人が国家をまねて税を徴収しようとすれば、それは単なる「かつあげ」や「ゆすり」などとして（すなわち犯罪として）国家によって取り締まられてしまいます。要するに国家は税を徴収しつつ、他の組織や個人が同じことをするのを取り締まりながら、「自分だけは税を徴収する権利がある」という状態を強制的につくりだしているのです。それが「捕獲する権利を制定しながら捕獲する」ということの内容です。

次のポイントは、それによって法的状態がうまれるということです。国家が強制力をつかって「自分だけは税を徴収する権利をもっていて、他の組織や個人はその権利をもっていない」という状態をつくりだすということは、それをつうじて法的に許されること（国家による税の徴収や強制力の行使）と許されないことが区別されるということです。実際、国家は「人びとは税を納めなくてはならない」とか「他の組織や個人が人びとにカネの支払いを強制したら犯罪である」といった法を制定し、その法にもとづいて強制力を行使します。引用文にでてくる「Rechtsstaat」ということばのなかにある「Recht」とは、ドイツ語で「法」を意味すると同時に「権利」をも意味する言葉です。これはフランス語の「droit」（法、権利）という言葉でも同じです。自分だけに税の徴収や強制力の行使をおこなう権利を制定することは、権利の体系としての法的状態を確立することでもあるのです。だからこそ「暴力の独占」と「法治国（＝法的状態）の確立」は一体化していると引用文でいわれているのです。

私的所有権は、そうして確立された「法＝権利」状態のもとで一つの権利として制定されるものです。一つめの引用文で、私有制は税の徴収があってはじめて成立するといわれているのは、こうした意味においてです。

まとめましょう。人びとを支配しうるほど強い集団が強制力を行使して自分たちにだけ特別な権利を与えることによって、法の状態、つまり国家が成立します。それ以前はいくら個々人が土地を所有していると主張しても、それは「権利」ではなく物理的な占有にすぎません。法と権利は国家がうまれると同時に発生するものです。所有権をめぐる問いは、ドゥルーズ＝ガタリによればホッブズに理があるということです。

国家とは何か❺　倫理と習俗

ヘーゲル
『法の哲学』
一八二一年

「理性的なものは現実的なものであり、現実的なものは理性的なものである」という有名な言葉でも知られる大著。「法」「道徳」「倫理」「国家」など人間社会を貫く概念の本質を明らかにしようとする法・政治哲学の金字塔。

まず次の引用文をみてください。これはヘーゲルの『法の哲学』「第三章　国家」の冒頭にでてくる文章です。ここでヘーゲルは、国家とは何かを定義しています。つまり、ヘーゲルが国家をどのようなものとして考えていたかということがこの文章に集約されているのです。

国家は倫理的理念の現実性である。――すなわちはっきりと姿を現わして、おのれ自身にとっておのれの真実の姿が見紛《みまが》うべくもなく明らかとなった実体的意志としての倫理的精神である。そしてこの実体的意志は、おのれを思惟し、おのれを知り、その知るところのものを知るかぎりにおいて完全に成就するところのものである。国家

> **は習俗において直接的なかたちで顕現し、個々人の自己意識、彼の知と活動において媒介されたかたちで顕現するが、他方、個々人の自己意識もまた、心術を通じて彼の実体的自由を、彼の本質であるとともに彼の活動の目的と所産であるところの国家のうちにもっている。**
>
> **（藤野渉・赤沢正敏訳、中公クラシックス）**

とはいえ、これを読んだだけでは、何が述べられているのかさっぱりわからないかもしれません。実は専門家でもヘーゲルの哲学を、専門用語を使わずにわかりやすく説明できる人はなかなかいません。国家を定義したこの部分についても同じです。ヘーゲルはみずからのもちいる用語のなかに特別で厳密な意味を込めていますので、わかりやすくヘーゲルの哲学を説明しようとすると、どうしても言葉足らずになってしまったり、体系的な意味を取りこぼしてしまったりするんですね。それだけヘーゲルの哲学は近寄りがたいということですが、それでもここでは何とかめげずにヘーゲルの国家概念を読み解いていきましょう。

引用文の最初にある「国家は倫理的理念の現実性である」という文章からみていきましょう。たとえば国家は刑法をさだめて、殺人を取り締まります。その背景にはどんな意識があるでしょうか。少なくとも、「人を殺してはいけない」という倫理的観念が人びとのあいだで社会的に共有されていなくてはなりません。もし「みずからの利益や復讐のためなら人を殺してもいい」といった観念が社会のなかで優勢であるなら、いくら国家が殺人を取り締まろうとしてもうまくいかないでしょうし、そもそも殺人を罰するような規定が刑法に書き込まれることもないかもしれません。これは逆にいうなら、社会的に共有された「人を殺してはいけない」という倫理的観念を、国家は刑法をつうじた取り締まりによって実効的なものにしている、ということです。いくら人びとが「人を殺してはいけない」と思っていたとしても、実際に殺人を取り締まる国家がなければ、その倫理的観念は実効的なものにはなりません。これが「国家は倫理的理念の現実性である」ということの基本的な意味だと、まずは考えてください。

ただしヘーゲルはこの「倫理的理念」の範囲を非常に広くとらえています。たとえば日本では同性婚は（現時点では）法的に認められていません。すでに同性婚が認められている欧米の国々でも、最近まで認められていませんでした。一夫多妻や一妻多夫という結婚のあり方も法的に認められていません。これは、「男女のあいだの一対一の結婚こそが正しい結婚である」という倫理的観念が（いい・わるいは別にして）社会のなかで根強く共有されているからです。そうした倫理的観念を、国家は法をつうじて現実に効力のあるものにしている。国家が実現する「倫理的理念」は決して刑法でさだめられるようなものば

「国家は倫理的理念の現実性である」

かりではないんですね。

あるいは選挙権年齢を例にしてもいいかもしれません。日本では最近になって選挙権年齢が「二〇歳以上」から「一八歳以上」に引き下げられましたが、これは欧米諸国と比べると四〇年ほど遅い引き下げでした。なぜ四〇年も遅かったのかといえば、「一八歳や一九歳の若者は政治について判断するにはまだまだ未熟だ」という意識が社会のなかで根強かったからです。そうした社会的意識が具体的な選挙権年齢の規定として国家のもとで現実化している、というのがヘーゲル的な考え方です。「一八歳から選挙権をもつ」とか「二〇歳から成人となる」という規定は、あくまでも法によってそう規定されているだけのものであり、その点ではたしかに〝法的フィクション〟といえなくもないのですが、ヘーゲルはそうした表面的な見方をしりぞけ、その背後に人びとによって共有された「倫理的理念」をみるのです。

ヘーゲルが「国家は倫理的理念の現実性である」というとき、その「倫理的理念」には、こうした結婚をめぐる倫理観や、何歳から大人なのかをめぐる社会規範なども含まれます。引用文の後半でヘーゲルは「国家は習俗において直接的なかたちで顕現する」と述べていますが、これも同じことを意味しています。ヘーゲルにとって「習俗」とは、単なる慣習的行為を意味するのではなく、社会的に共有された倫理や規範にもとづいた行為、ものの見方、社会関係のあり方などを含意しています。たとえば、結婚式というのは一つの習俗ですが、そこには結婚をめぐる倫理的観念が反映されていますし、日本の伝統的な村というのは、そこでさまざまな習俗が繰り広げられる一つの社会関係であり、その社会関係は稲作のための水源を共同管理する社会規範のもとで成立しています。ヘーゲルによれば、そうした「習俗」において胎動している「倫理的理念」の「現実性」として国家は存在しているのであり、まさに引用文にあるように「（国家は）個々人の自己意識、彼の知と活動において媒介されたかたちで顕現する」のです。

国家とは何か❻　政府に従う理由

ヒューム

「原始契約について」

一七四八年

哲学の分野以外でも『英国史』を著し、国務次官なども務めた文化人ヒューム（一七一一〜七六）の論文。主著『人性論』では人間の社会的相互性を「比較と共感」に基づく道徳感情から理解しようとしたが、本論では社会契約説を批判している。

デイヴィッド・ヒュームは一八世紀イギリスの哲学者です。ジョン・ロックなどとともにイギリス経験論を代表する哲学者として位置づけられています。経験論というのは、一言でいうと、経験によって人間の知識はつくられると考える立場のことです。

たとえばジョン・ロックは、人間の知識は生まれたときにはまったくの白紙で、人間が生きていくなかでさまざまなことを経験し、知覚することで知識が形成されていく、と論じました。ヒュームはそうした経験論のなかでもとくに知覚を重視し、人間の知識は人間がさまざまなものを知覚することで抱く観念をもとに形成されると考えました。ただしそれだと、人間はそれぞれ経験することや知覚するものが異なるにもかかわらず、数学のような普遍的知識をなぜ共有することができるのか、という難しい問題にぶちあたってしまいます。哲学の歴史のなかで、ヒュームの考えを受けて、その難しい問題に取り組んだのがカントでした。

今回はそのヒュームが国家についてどのように考えていたのかをみていきましょう。

ヒュームは生前、古典派経済学の父とされるアダム・スミスとかたい信頼関係で結ばれており、またヒューム自身も自由貿易を擁護していたので、しばしば経済グローバリズムに賛成する脱国家主義者だとみなされることがあります。しかし次の引用文をみると、ヒュームに対するそうした見方はまちがっていることがわかります。

> **政府に服従しなければならない理由を問われた場合、私だったら、なんのためらいもなく、そうしなければ社会が存続できないからだ、と答える。この答えは、明快で全人類にとってわかりやすいものである。**（小西嘉四郎訳、中公クラシックス『人性論』所収）

引用文でヒュームは、政府に服従しなくてはならないのは、そうしないと社会が存続できないからだ、とはっきりと述べています。逆にいえば、社会の存続のために人びとは政府に服従しなくてはならない、ということです。

注意したいのは、ここで「政府」といわれているのは、個々の政府や政権のことではないということです。たとえばヒュームは「政府のやることには異議を挟んではいけない」とか「政権のやることをすべて支持すべきだ」といったことを主張しているのではありません。そうではなく、ここで「政府」といわれているのは、政府一般、つまり国家のことです。したがって「政府に服従しなければならない」というヒュームの言葉は、「たとえ国家が抑圧的なものであろうとも、国家をなくそうとしてはならない」という意味で理解されなくてはなりません。現代の文脈でいえば、ヒュームは、政府を倒して「国家なき社会」をめざそうとする無政府主義者や、グローバリズムをつうじて「国家なき社会」をめざすインターナショナリストを批判しているのです。

では、なぜヒュームは国家がなければ社会は存続できないと考えるのでしょうか。この点については、ヒュームは他の社会契約論者（ホッブズやロック、ルソー）たちと認識を共有しています。

国家は社会のなかで法的決定を独占しています。何が合法で、何が違法かを決定する権限を独占しているわけですね。たとえば私たちが正当防衛だと思って相手をつき倒して、それを主張したとしても、その行為が国家によって過剰防衛だとみなされてしまえば、それは違法な行為になってしまいます。そして国家は、違法な行為に対しては、それ自体合法化された暴力（物理的強制力）によって力づくで取り締まりをします。こうした国家の

国家は法的決定を独占する

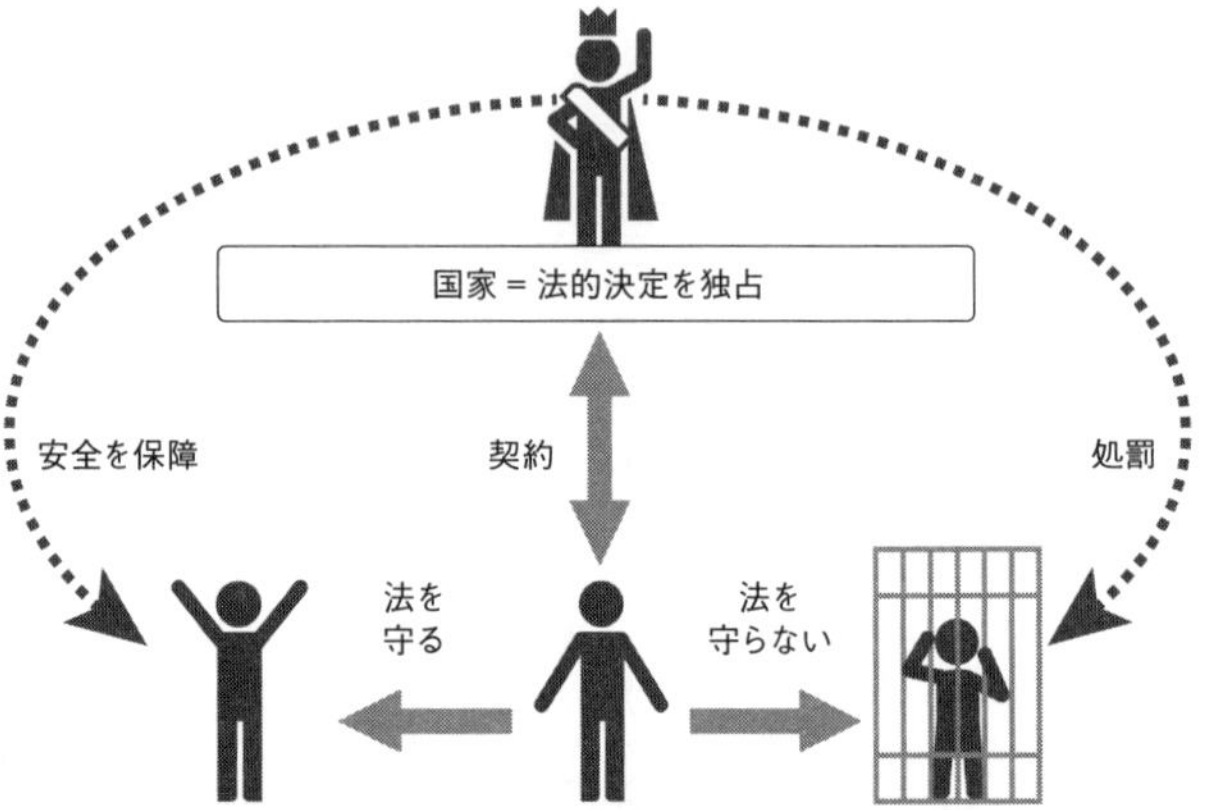

法的決定を独占した国家ができたことで、
人間は自力救済の原理から解放された

活動によって、法的状態が維持されています。

国家がなくなるということは、理論的にいって、このような法的決定を独占した機関がなくなるということです。そうなると、何か深刻な対立があったときに、どちらが正しいかを決めるのは、より力の強い当事者のほうだということにどうしてもなってしまいます。また、自分の財産が盗まれたり、破壊されたり、住んでいるところから追い出されたりしても、相手のほうが強ければ泣き寝入りするしかありません。自分の財産を守ったり、経済活動を維持したりするためには、自分で力を蓄えて自己防衛するしかなくなるのです。これを自力救済の原理といいます。

ヒュームは、こうした自力救済の原理のもとでは、社会はそれぞれの部族ごとに分断され、決して発展しないと考えました。実際、法的決定を独占した国家（つまり近代国家）がまだ存在していなかった中世ヨーロッパでは、生産力はほとんど発展しませんでした。法的決定を独占した国家ができることで、人間はようやく自力救済の原理から解放され、みずからの経済活動に集中できるようになったのです。

市場経済が発達したのも、国家が成立したことによって、政治の次元と経済の次元が分離したからです。自力救済の原理のもとでは政治と経済は一体化していました。暴力をともなわなくても経済活動を展開できるようにならなければ、市場経済は発達しません。ヒュームはたしかに市場経済や自由貿易などのオープンな経済活動を擁護しました。しかしそれは決して国家を否定するためではありませんでした。逆に、国家というものが成立した歴史的重要性をしっかりと理解していたからこそ、オープンな経済活動も擁護できたのです。

ナショナリズムとは何か

ナショナリズムとは何か❶　ネーションとステイト

ゲルナー
『民族とナショナリズム』
一九八三年

アーネスト・ゲルナー（一九二五〜九五）は、言語学批判から人類史の構造分析に至る広範な研究を行った二〇世紀イギリスを代表する社会人類学者。本書は「ナショナリズムとは何か」を正面から論じた、ナショナリズム研究の基本文献。

しばらく前から日本ではナショナリズムが高揚していると指摘されてきました。事実、在日外国人を非難する排外主義的なデモも日常的におこなわれるようになりました。今回はそんなナショナリズムの高揚をまえに、そもそもナショナリズムとは何かということを考えたいと思います。それがわかっていなければ、ナショナリズムの高揚といわれる現象を的確に分析することはできませんし、それを批判するにせよ肯定するにせよ、ナショナリズムをめぐる議論はとんちんかんなものになってしまうでしょう。

ナショナリズムの研究はすでに数多くなされており、ナショナリズムの定義にもさまざまなものがあります。そのなかでもとくに簡潔で、かつ優れているのが、アーネスト・ゲルナーによるナショナリズムの定義です。ゲルナーは『民族とナショナリズム』の冒頭でナショナリズムをこう定義しています。

ナショナリズムとは、第一義的には、政治的な単位と民族的な単位とが一致しなければならないと主張する一つの政治的原理である。

（加藤節監訳、岩波書店）

ここで「政治的な単位」といわれているのは端的には国家（ステイト）のことです。「民族的な単位」というのは要するにそれぞれの民族ということです。原語では「ナショナル」という言葉がつかわれていますので、それぞれの国民といってもいいでしょう。その両者（ステイトとネーション）が一致しなくてはならないと考えるのがナショナリズムです。

具体的に考えましょう。たとえばフランス南部の地中海にコルシカ島という島があります。このコルシカ島はフランスに属しているのですが、そこで話されている言葉は伝統的にフランス語とは異なっていて、フランスからの独立運動がひじょうに強い地域です。その独立運動の担い手たちはこう主張しています。コルシカ人はフランス人とは違う民族であり、したがって固有の国家をもたなくてはならない、と。つまり、コルシカは無理やりフランスに組み込まれており、そこでは政治的な単位（フランスという国家）と民族的な

民族独立派の主張

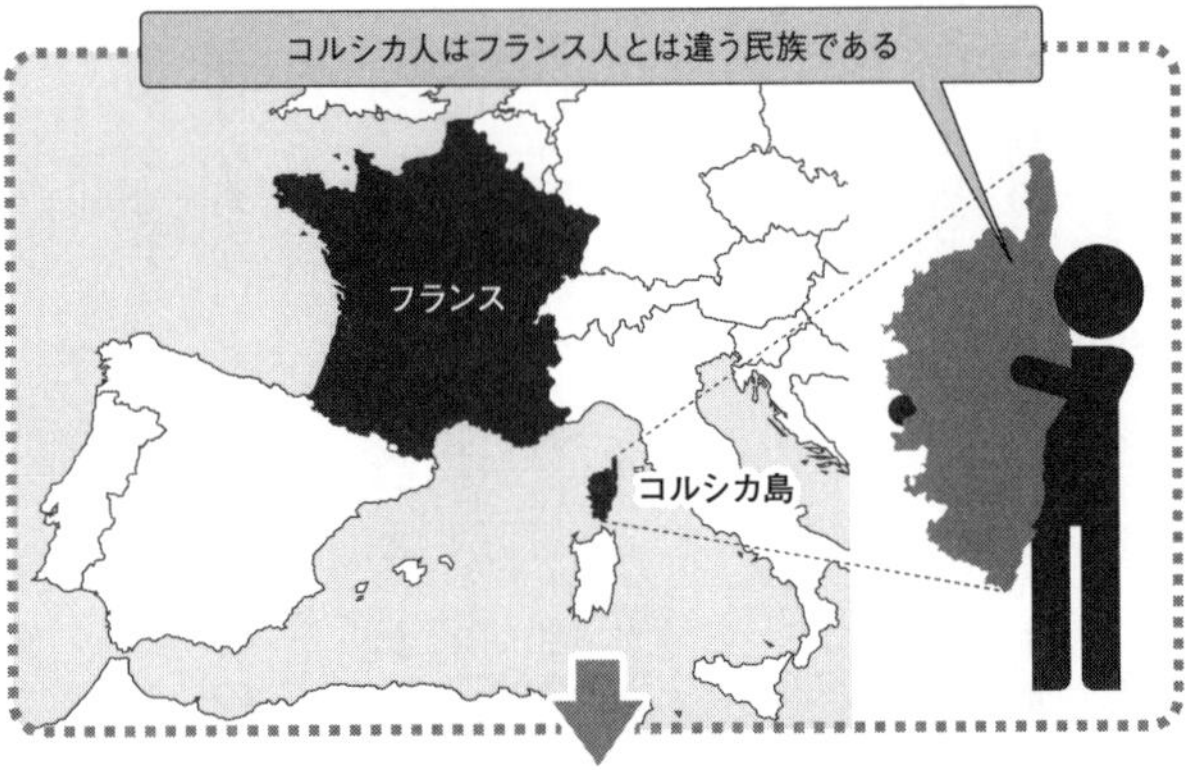

コルシカはフランスから独立し、政治的な単位（コルシカ国）と
民族的な単位（コルシカ人）を一致させなくてはならない

単位は一致していない（フランス人もいればコルシカ人もいる）、だからコルシカはフランスから独立して、政治的な単位（コルシカ国）と民族的な単位（コルシカ人）を一致させなくてはならない、ということです。

これはナショナリズムの定義についての典型的な例です。実際にフランスでは、こうした民族独立派のことをナショナリストと呼びます。

では、政治的な単位と民族的な単位がすでに一致している（と思われている）ところでは、ナショナリズムはどのようなかたちをとるのでしょうか。それは国民主権の主張としてあらわれます。というのも、国家とネーション（民族、国民）

が一致しなくてはならないという主張は、そのままネーション（民族、国民）こそが国家の主役であるという主張を含意するからです。逆にいうと、国家は国民（ネーション）のものであり、私たち国民によって、国民のために運営されなくてはならないという国民主権の主張は典型的なナショナリズムの主張なのです（このことは多民族国家の場合でも、その多民族が一つの国民＝ネーションだと思われているところでは、変わりません）。

自民党は憲法改正を主張しています。そこにあるのは、占領期に制定された憲法は自主憲法とはいえないため、あらためて日本人自身の手で憲法を制定しなくてはならない、という主張です。これも国家とネーションを一致させようとする点で、典型的なナショナリズムです。その一方で、戦後いち早く憲法改正を主張したのは日本共産党です。共産党は、日米安保条約も破棄して、いかなる国とも軍事同盟を結ばない自主独立の外交と国防をめざしていますから、典型的なナショナリスト政党です。つまり、ナショナリズムは右派だけの専売特許ではないのです。日本には、共産党以外にも反米左翼は多いですが、米国の影響から脱して自主外交を進めたいという点ではみんなナショナリストです。また、二〇一三年末に特定秘密保護法案が国会で審議されていたとき、反対派からは「政府がもっている情報は私たち国民のものであり、国民には秘密にされることなく開示されなくてはならない」という主張がだされましたが、これも国民主権のロジックにもとづく、典型的なナショナリズムの主張です。

このようにナショナリズムはひじょうに幅広いものなのです。では、そんなナショナリズムがなぜ排外主義を生んでしまうのでしょうか。それは、国家は私たち国民のものだとナショナリズムが主張した瞬間に、「その国民とは誰のことか、どのような人間が国民にふさわしいのか」という問いが必然的にでてきてしまうからです。ポイントは、排外主義的なナショナリズムも国民主権にもとづくリベラルなナショナリズムもじつは地続きであり、状況に応じていろいろなあらわれかたをするのがナショナリズムだ、ということです。

現在の日本でリベラルな人たちの発言がナショナリズムの高揚に対してまったく力をもたないのは、彼らがナショナリズムを正しく理解しようとせず、自分たちとは無関係なものとして外側からそれを批判しているだけだからです。大事なのは、ナショナリズムをリベラルな人でさえつねに巻き込まれている政治的な原理としてとらえ、その内側からナショナリズムをどう変えていくかという視点をもつことです。その視点が欠けているかぎり、リベラルはいつまでもナショナリズムに足をすくわれつづけるでしょう。

ナショナリズムとは何か❷　国民をつくる原理

ルナン
「国民とは何か」
一八八二年

フランスの思想家・宗教史家であるエルネスト・ルナン（一八二三〜九二）が一八八二年におこなった講演。国民（ネーション）を「日々の人民投票」によって成立する存在と定義し、諸個人の主体的意志が国民を形成すると主張した。

かつて、ナショナリズムを批判することが、日本の哲学・思想界において最重要テーマの一つだったことがありました。一九九〇年代から二〇〇〇年代前半にかけてのことです。現在から考えると想像しづらいかもしれませんが、当時「ナショナリズムを批判しなくてはならない」というその圧力はきわめて強く、人文思想系のアカデミズムでは、能力のない人はとりあえずナショナリズム批判で研究論文を書く（そうしておけばなんとなく格好がつく）、というほどの強さでした。

なぜナショナリズムはそこまで批判されるべきものとされたのでしょうか。その理由を一言でいえば「ナショナリズムは他者を排除する原理である」と考えられたからでした。

たしかにナショナリズムはネーション（国民）を政治の土台として重視する原理ですの

で（この点でいえば、国民主権の原理は典型的なナショナリズムの一つです）、「国民」と「国民ではない人たち」を区別し、「国民ではない人たち」よりも「国民」を優先する傾向をどうしても内包します。場合によっては「国民」の利益を守るために「国民ではない人たち」を差別したり排除したり攻撃したりすることもあるでしょう。

たとえば、外国人による犯罪が増えると（実際には外国人による犯罪が増えていなくても人びとにそう感じられれば）、しばしば「国民の安全を守るために外国人は出ていけ」という主張がなされます。あるいは、政府の財政難が深刻になり、国民の社会保障費が逼迫するようなことになると、「福祉予算を食いつぶす外国人はでていけ」「なぜ本来は国民のためのものである社会保障費を外国人のためにつかわなくてはならないのか」という声がでてくることもあります。

こうした主張は「国民」の利益を「国民ではない人たち」よりも優先するナショナリズムの傾向から必然的に生まれてくるものであり、日本だけでなくどの国でもみられる現象です。事実、ヨーロッパ諸国において極右政党が勢力を拡大してきたのは、こうした主張が社会に広がったからでした。

そうである以上、自国民の利益のために外国人を排除しようとしたり、かつての植民地支配のように諸外国を支配しようとしたりする動きを批判するためには、一部の過激化したナショナリズムだけを批判すればいいのではなく、ナショナリズムそのものを批判しなくてはならない——。それが、当時の日本の哲学・思想界において有力な考えだったのです。

そのときに槍玉に上がった文献の一つが、今回取り上げるエルネスト・ルナン「国民とは何か」です。槍玉に上がった理由は、この文献がナショナリズム思想の古典の一つだからです。

とはいえ、実際にこの文献をよく読んでみると、「ナショナリズムはそれ自体で悪であり、批判すべきもの」という日本の哲学・思想界の考えはどこまで妥当なのか、再検討が必要なことが逆にわかってきます。

ルナンは一九世紀フランスの思想家です。一八八二年にソルボンヌ（パリ大学）で「国民（ネーション）とは何か」という講演をおこないました。その講演をまとめたのがこの文献です。

ルナンはそこで、国民を国民たらしめているものとは何か、という問いを考察しています。この問いに対しては一般に、民族や言語、文化、といったものが国民を形成する、と考えられています。しかし、ルナンによれば、これらはどれも国民を国民たらしめるのに十分な要素ではありません。

たとえば民族的な種族が国民を形成しているという意見に対して、ルナンは「本当のところ、純血の種族など存在しない」と述べています。事実、フランスにはケルト系、イベリア系、ゲルマン系などの種族が混じりあっており、ドイツにはゲルマン系、ケルト系、スラブ系が混じりあっている、とルナンは指摘しています。

言語についても同じことが言えるとルナンは述べます。アメリカ合衆国とイギリス、あるいはスペインと南米諸国のように、同じ言語を話していても単一の国民を形成していない事例はたくさんありますし、フランス語、ドイツ語、イタリア語などの言語圏を国内にもつスイスのように、複数の言語によって一つの国民が形成されている事例もあります。

ルナンによれば、このようにいかなる外的指標も国民を形成するには十分な要素とは言えません。では、何が国民を国民たらしめるのでしょうか。ルナンは、国民とは「精神的原理」にほかならないと述べています。外的指標で国民が形成されるわけではないのであれば、それを形成するのは「精神的原理」しかない、ということです。その「精神的原理」の中身を論じているのが次の引用文です。

> **国民とは、したがって、人々が過去においてなし、今後もなおなす用意のある犠牲の感情によって構成された大いなる連帯心なのです。それは過去を前提はします。だ**

がそれは、一つの確かな事実によって現在のうちに要約されるものです。それは明確に表明された共同生活を続行しようとする合意であり、欲望です。個人の存在が生命の絶えざる肯定であると同じく、国民の存在は（この隠喩をお許しください）日々の人民投票〔un plébiscite de tous les jours〕なのです。

（鵜飼哲訳、インスクリプト『国民とは何か』所収）

ルナンのいう「精神的原理」の中身とは、一言でいえば、過去の遺産を共有しながら今後も一つの政治共同体を維持していこうと欲する人びとの意志です。その共通の意志こそが一つの国民をなりたたせるとルナンは考えます。引用文にでてくる「日々の人民投票」という言葉はその比喩です。

では、なぜこのルナンの考えから、日本におけるナショナリズム批判の問題点が浮かび上がってくるのでしょうか。引き続き考えていきましょう。

ナショナリズムとは何か❸　反ナショナリズム論の限界

ルナン「国民とは何か」

今回も引き続きエルネスト・ルナン「国民とは何か」を取り上げましょう。

かつて日本の哲学・思想界でナショナリズム批判が最重要テーマの一つとして考えられていたとき（一九九〇年代から二〇〇〇年代前半のことです）、このルナン「国民とは何か」はナショナリズム思想の古典だということで槍玉に挙げられていました。しかし、実際にこの文献（先の引用）を読んでみると、どうもルナンを批判していた日本の反ナショナリズム論のほうがおかしいのではないか、ということがみえてきます。

ルナンの文章が含意していることを一言でいえば、ナショナリズムとは国家のメンバーシップの問題をめぐる一つの解である、ということです。

どういうことでしょうか。まず、国家は必然的にメンバーシップをめぐる問いを提起します。つまり「誰が国家のメンバーなのか」という問いですね。日本でいえば「誰が日本国のメンバーなのか」という問いです。

この問いに対してはただちに「日本国民が日本国のメンバーである」という答えがだされるでしょう。ここで考えておきたいのは、なぜ国家はこうしたメンバーシップをめぐる問いを必然的に提起するのか、という理由です。その理由は、国家がそもそも集団的な意思決定をおこなう組織である、ということからきています。

たとえば、どういったことを犯罪とみなし、それに対してどのような刑罰を科すのか、あるいは、税金はどれくらい徴収し、政府の予算はどのようにつかうのか、などなど、国家はさまざまなことを決定します。とりわけ、国家の決定はその領土にいるすべての人たちが従わなくてはならない決定になりますから、社会のなかでも極めて重要な決定となります。

そうなると、それだけ重要な決定を国家はなす以上、今度は「誰がその集団的な意思決定をおこなうのか」という問いが必然的にでてきます。メンバーシップをめぐる問いを国家が避けられないのはそのためです。「誰が国家のメンバーなのか」という問いは「誰が国家のメンバーとしてその決定をおこなうのか」という問いと同義です。

現実には、国家のすべてのメンバーがその意思決定に直接参加するわけではありません。たとえば日本国民は現在、一億二〇〇〇万人もいますから、すべての日本国民が国家の意思決定に直接参加することは不可能です。なので実際には、日本国民は選挙によって代表者を選んで、その代表者が国会で意思決定をおこなっています。とはいえ、その代表者を選ぶ権限は国民が保持していますから、理論的には「国家のメンバーとしてその意思決定をおこなっているのは国民だ」ということになるのです。

ポイントは、国家は集団的な意思決定をおこなう組織である以上、メンバーシップをめぐる問いをどうしてもともなう、ということです。これは国家に限らず、意思決定をおこなうあらゆる組織にいえることです。集団的意思決定という行為とメンバーシップの問題を切り離すことはできません。その意味で、「誰がそのメンバーなのか」を問わない国家はそもそもなりたちえないのです。

そのメンバーシップをめぐる問いに対して「国民こそ国家のメンバーである」と答えるのがナショナリズムです。ナショナリズムとは、ネーション（国民）を国家の意思決定の基盤だと考える政治原理のことです。「ネーション（国民）」を政治的単位（国家）の基礎とみなす「原理（イズム）」だから「ナショナリズム」なんですね。この点、国民主権の原理とはナショナリズムそのものです。国民主権の原理を重視しておいて、ナショナリズムを批判することは矛盾でしかありません。

日本の反ナショナリズムの思潮が空虚なのは、このメンバーシップをめぐる問いに正面から答えないからです。そもそも日本の反ナショナリズム論はこのメンダーシップをめぐる問いが不可避なものであるということにすら気づいてきませんでした。国家のメンバーとして国民を置くことに反対するのであれば、何を国家のメンバーシップとして考えるのか。この問いに十全に答えるのでなければ、反ナショナリズム論が説得力をもつことはありえません。

もしかしたら反ナショナリズム論の担い手たちはこの問いにこう答えるかもしれません。メンバーシップの問いは国家にとって避けられないとはいえ、それを「国民」に限定することは問題である、なぜなら日本の領土には「日本人」以外の人も住んでおり、「国民」に限定することは彼らを排除することになるからだ、と。

しかし、彼らが批判してきたルナンはまさに、民族的な種族や言語といった外的指標で「国民」を定義することは不可能であり、それを定義しうるのは、ともに政治共同体を担っていこうという人びとの「意志」や「連帯心」でしかない、と述べています。事実、帰化という制度がまがりなりにも存在することは、国民になることが「日本人」以外の人に完全に閉じられているわけではないことを示しています。ルナンの文章がもつ深い含意を、日本の反ナショナリズム論は真摯に受け止めなくてはなりません。

ナショナリズムとは何か❹　共通の生

ウォルツァー
『正しい戦争と不正な戦争』
一九七七年

アメリカの政治哲学者ウォルツァー（一九三五〜）がリアルな政治哲学の観点から戦争の道徳的価値を考察、道徳的に擁護できる正しい戦い（正戦）を定義して議論を呼んだ書。配分的正義を論じた『正義の領分』と並ぶウォルツァーの代表作。

二〇一六年六月におこなわれたイギリス国民投票の結果は世界を驚かせました。まさかイギリスが国民投票でＥＵ離脱を選択するとは、多くの人は予想していなかったからです。その結果について日本では、イギリス国民はいかにバカな選択をしたのか、いかに後悔しているか、といった観点からの報道や論評ばかりがなされました。ただ、このＥＵ離脱という選択が今後、イギリスにどのような帰結をもたらすのかは現時点では必ずしも自明ではありません。たとえば経済的な側面についていえば、イギリスはＥＵという巨大な統一市場への自由なアクセスを失うことで大きな損失を被るだろう、という見立てがほとんどです。が、それとは逆に、イギリスはＥＵのくびきから解放されて、より自由にグローバル経済のなかで自国の利益を追求できるのではないか、という見立ても一部には存在します。私自身としては、前者のような見立てはたしかに常識的なものではありますが、その常識的な見方がイギリス国民投票の結果については当たらなかったわけですから、一度その常識を疑ってみることも必要なのではないかと考えています。EUは今後、ギリシャなど南欧諸国の債務危機の問題、東欧の貧しいEU加盟国との格差の問題、EU域外もしくは域内からの移民の問題など、さまざまな深刻な問題に直面し、統一市場を維持するメリットよりもコストのほうが大きくなってしまうかもしれません。そうなると、EUという「泥船」からいち早く抜けたイギリスには先見の明があった、という評価が後々確立することだってないとはいえないのです。

ともあれ、イギリスはEU離脱を選択しました。そこにあった最大の動機は「主権をイギリス国民に取り戻そう」というものでした。たとえば現在、イギリスの医療保険や移民政策にかんする法律の約六割がEUによってつくられたものだといわれています。EUといっても、その政策決定の中核にいるのは、選挙で選ばれたわけではない欧州委員会のエリート官僚たちです。つまり、多くのイギリス国民は、イギリスを代表しているわけでもなければ、イギリスに対して責任をとるわけでもない、EUのエリート官僚によって、自分たちの生活にかかわる政策が一方的に決められている、という不満を募らせていたのです。その不満がもっとも強く向けられたのが移民問題でした。移民によって自分たちの雇用が奪われ、社会保障の財源も食われているなかで、なぜ私たちは移民のコントロールを自分たちではできないのか、という不満です。ＥＵ離脱の選択は、そうした政策における自己決定権をＥＵから取り戻すための選択でした。

その選択が正しかったのかどうかについては、ここでは問わないでおきましょう。ここで注目したいのは、「主権は国民の手にあるべきだ」という主張がいかに根強いものなのか、ということです。主権とは、一言でいえば最終的にものごとを決定する権利のことです。その最終決定権はＥＵではなくわれわれイギリス国民がもつべきだ、というのがＥＵ離脱の国民投票において示された主張でした。グローバル化によって国境の壁が低くなり、国家は後退していくだろう、としばしばいわれます。ＥＵは、そうしたグローバル化の時代において国家をこえた地域共同体の枠組みをつくる試みとして、もっともうまくいっていると思われていたものでした。そのＥＵにおいて今回のような離脱の決定がなされること自体、いかに「主権は国民の手にあるべきだ」という主張が根強いものなのかを示しています。グローバル化によって本当に国家は後退するのか、私たちは再考しなくてはなりません。

今回取り上げるアメリカの政治哲学者、マイケル・ウォルツァーは、そうした「主権は国民の手にあるべきだ」という主張の根強さに鋭く焦点をあてた哲学者です。

> **国家の権利はその構成員たちの同意に依拠する。しかし、これは特別な種類の同意である。国家の権利は個々の人間から主権者への一連の移譲をつうじて、あるいは個人間の一連の交換をつうじて構成されるのではない。実際に起きていることはさらに説明しがたいものである。長い時間をかけて、多くのさまざまな種類の共有された経験と協力的な活動が、共通の生をかたちづくっている。「契約」は結合と相互性のプロセスの比喩であり、その持続的な性質こそ、国家が外部からの侵略に対抗して保護しようとするものである。その保護は個人の生命と自由だけでなく、彼らの共有された生命と自由、彼らがつくった独立した共同体にも及ぶものであり、個人はときとしてそれに身を捧げることもある。**
>
> （萩原能久監訳、風行社）

右の引用文でウォルツァーは、これまで国家の成立を説明するためにもちいられてきた社会契約の概念は実際に起こっていることの比喩でしかない、と述べています。つまり、実際には人びとが歴史をつうじてかたちづくってきた「共通の生」こそが国家の基盤にあるものなのであり、権利の移譲によって国家の成立を説明しようとする社会契約説の考えはその「共通の生」をかたちづくってきた「結合と相互性のプロセスの比喩」でしかない、ということです。「共通の生」とは、イギリス国民ならイギリス国民としての、日本国民なら日本国民としての〝まとまり〟をつくっているもののことです。そこには共通の言語や文化、習慣なども含まれます。もちろんその「共通の生」は固定的なものでも絶対的なものでもありません。が、コスモポリタニズムを標榜するリベラルな人びとが思うほど簡単に乗り越えられるものでもありません。たとえばリベラルな人たちも強国による植民地支配を批判しますが、そうした批判がなりたつのも、「共通の生」を有するものたちが一つの集団として主権をもつべきだ、という考えがあるからです。

暴力とは何か

暴力とは何か❶

合法な暴力と非合法な暴力

ベンヤミン
「暴力批判論」
一九二一年

二〇世紀ドイツを代表する思想家のひとり、ヴァルター・ベンヤミン（一八九二～一九四〇）の論文。「暴力批判論の課題は、暴力と、法および正義との関係をえがくこと」との立場から、法や正義の領域でふるわれる暴力の倫理性を論ずる。

かつて日本最大のヤクザ組織である山口組とそこから分裂した一和会のあいだで大規模な抗争が繰り広げられたことがありました。一九八〇年代半ばから後半にかけてのことです。当時、その抗争は「山一戦争」と呼ばれました。

この「戦争」と、第二次世界大戦やベトナム戦争、あるいはイラク戦争といった、国家がおこなう戦争とはどこが違うのでしょうか。

規模が違う、というのはたしかにその通りです。いくら山口組が大きな組織だからといって、その抗争の規模は国家がおこなう戦争の規模とは比べ物になりません。ただ、山一戦争の規模がもっと大きくなれば国家間の戦争と同じものとなるかといえば、そうではないでしょう。では、何が違うのでしょうか。

一番の違いは、山一戦争はあくまでも犯罪として取り締まりの対象に位置づけられるのに対して、国家間の戦争は犯罪としては位置づけられない、という点です。つまり、一方は非合法な暴力とされるのに対して、もう一方は合法的な暴力とされる、ということです。

もちろん国家間の戦争においても、戦後に戦勝国が敗戦国を戦争犯罪で裁くということはあります。とはいえ、現在でも自衛のための武力行使は国際法的にも認められていますし、戦争をおこなおうとする政府が「これは違法な武力行使ですが戦争します」とは決していわないでしょう。戦争がなされるときはあくまでも合法的な武力行使としてなされるのです。

同じような区別はほかにもあります。警察が犯罪者を捕まえて牢屋に監禁することは合法的な実力行使です。これに対して、私たちがどうしても許せないやつがいるからといってその人間を捕まえてどこかに監禁すれば、それは犯罪、つまり非合法な実力行使とされてしまいます。たとえその相手の人間が犯罪をおかした人間であっても、です。

では、なぜヤクザの抗争は非合法とされ、国家の戦争は合法だとされるのでしょうか。また、なぜ警察による逮捕・監禁は合法だとされ、市民による逮捕・監禁は非合法だとされるのでしょうか。要するに、合法な暴力と非合法な暴力はどのような理由によって区別されるのでしょうか。

多くの人は、正しい暴力だから、と考えるかもしれません。つまり、国家の戦争であれば「国を守るため」という正しい目的があり、警察による逮捕・監禁には「犯罪者をつかまえて治安を守る」という正しい目的があるのであり、その正しい目的のための暴力行使だからそれは合法とされるのである、と。

こうした考えは一見もっともなようですが、ドイツの思想家ヴァルター・ベンヤミンはそうではないと考えます。

> **適法な暴力と不法な暴力とを区別することの意味は、自明ではない。その意味は、正しい目的のための暴力と不正な目的のための暴力とを区別するところにある、とする自然法的な誤解は、きっぱりとしりぞけられねばならぬ。**（野村修編訳、岩波文庫）

右の引用文でベンヤミンはこう述べています。すなわち、合法な暴力は正しい目的のための暴力だから合法なのだ、と考えてしまう発想は誤解であり、きっぱりと退けられなければならない、と。

このベンヤミンの指摘はとても重要です。とはいえすぐには納得できないかもしれません。死刑を例にして考えましょう。

合法的な暴力は「正しい目的のための暴力」だから合法?

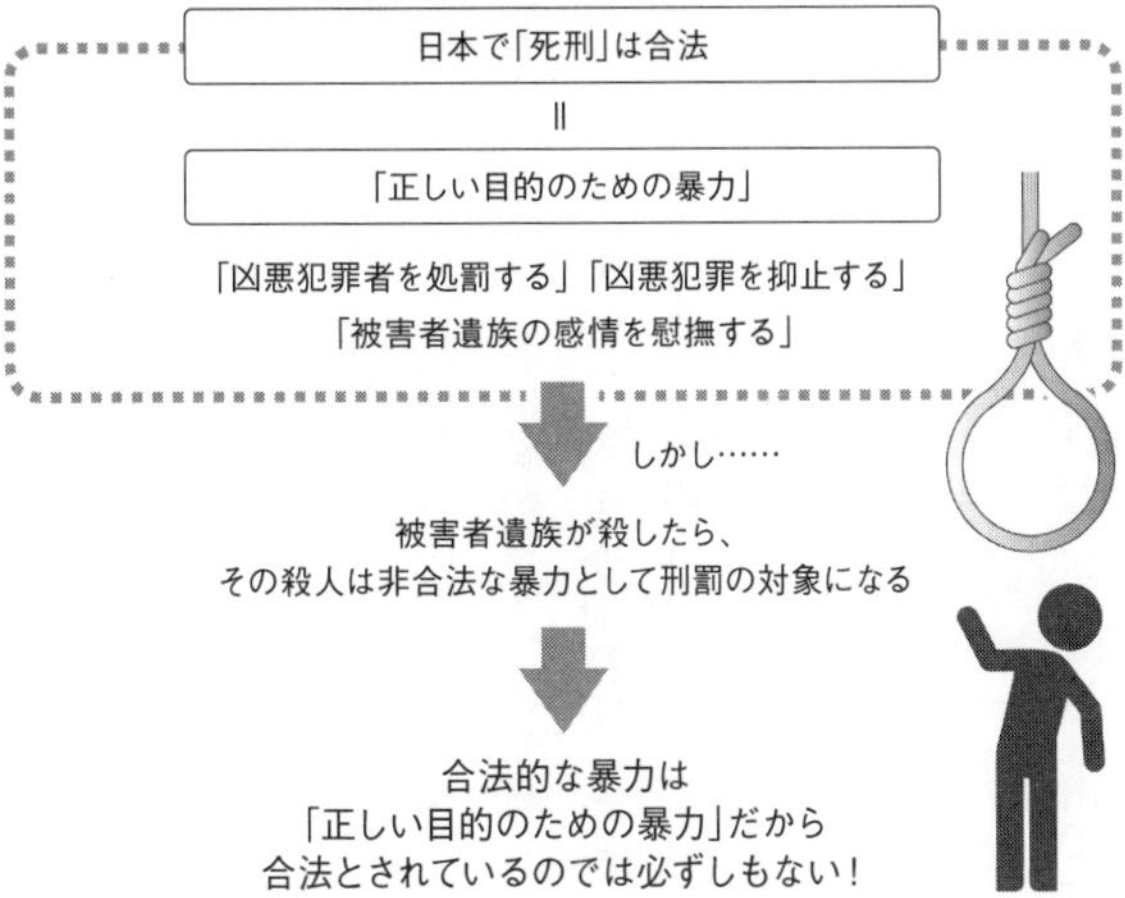

死刑もまた人の命を強制的に奪うという点では暴力です。合法的な殺人といってもいいかもしれません。たとえ相手が凶悪犯罪者だとしても、そこで強制的に人の命が奪われることには変わりないからです。日本のように死刑制度を存置している国では、死刑判決が確定すれば、法の名のもとで合法的に人の命が奪われます。

では、なぜ死刑という暴力は合法だとされているのでしょうか。多くの人は「正しい目的のための暴力だから」と考えるかもしれません。たとえば「死刑は凶悪犯罪者を処罰するという正しい目的のための暴力だから合法である」と。あるいは「凶悪犯罪を抑止するという正しい目的のための暴力だから」「被害者遺族の感情を慰撫するという正しい目的のため」といった答えがだされるかもしれません。

しかし、もしそれらの正しい目的によって死刑が合法とされているのであれば、その目的を果たせるなら誰が死刑をおこなってもいい、ということになります。その場合、正しい目的が達成されさえすればいいわけですから。

たとえば一九九九年におきた光市母子殺害事件では、犯行当時一八歳だった被告に無期懲役判決が下されたとき、妻子を殺された夫が記者会見で「加害者を社会に早く出してもらいたい、そうすれば私が殺す」と発言し、多くの人びとが共感・支持しました。

では、もし本当にこの夫が刑務所をでた加害者を殺したとしたら、どうなるでしょうか。国家はあくまでもその行為を犯罪として、つまり非合法な暴力行為として取り締まるでしょう。たとえその行為が「凶悪犯罪者を処罰する」「凶悪犯罪を抑止する」「被害者遺族の感情を慰撫する」といった目的にかなっていたとしても、やはりそれは非合法だとされてしまうのです。合法的な暴力は正しい目的のための暴力だから合法とされているのでは必ずしもないのです。

では、合法的な暴力はどのような理由で合法とされているのでしょうか。引き続き考えましょう。

暴力とは何か❷　法的判断の独占

ベンヤミン「暴力批判論」

今回もベンヤミンの「暴力批判論」を取り上げましょう。前回は、どのような理由で合法な暴力と違法な暴力が区別されるのか、という問題を考えました。

たとえば死刑は、他人を強制的に死に追いやるという点では殺人の一つですが、日本では合法とされています。これに対し、逮捕されれば死刑は避けられないほど凶悪な犯罪をおこなった人間を、その被害者遺族が先につかまえて殺してしまった場合、その殺人は非合法な暴力として刑罰の対象になってしまいます。どちらも凶悪犯に制裁を下すという点では同じなのに、一方は合法とされ他方は違法とされてしまうんですね。いいかえるなら、死刑が合法とされて私刑（リンチ）が違法とされるのは、それが正しい目的のための暴力かどうか、という点とは関係がないということです。どちらも「凶悪犯に制裁を下す」という目的では変わりありませんから。では、どのような理由で両者は区別されるのか、というのが前回での問いでした。

この問いに対しては次のように答えたくなるかもしれません。すなわち、国家が行使する暴力は合法とされ、それ以外の組織や個人が行使する暴力は違法とされるのだ、と。

たしかにこれは一見するともっともな答えのような気がします。「凶悪犯に制裁を下す」という同じ目的でも、国家がやれば合法で、他の組織や個人がやれば違法とされるわけですから。このことはしばしば「国家による合法的な暴力の独占」といわれます。どれほど正しい目的のためだと考えられるとしても、私たちが暴力を行使することは違法とされ、国家が暴力を行使する場合のみ合法とされる、ということです。

とはいえ、この答えは厳密に考えるなら決して妥当とはいえません。間違っているとまではいえませんが、あまり厳密ではないのです。なぜなら、私たちもまた合法的に暴力を行使できる場合があるからです。正当防衛がその代表例です。アメリカでは正当防衛のために銃の使用すら認められています。正当防衛だけではありません。私たちは合法的に現行犯を取り押さえ、警察がくるまで現行犯の身柄を拘束することもできます。特殊な例だと、イラク戦争時のアメリカのように、政府が民間軍事企業に戦争業務の一部を委託するということもあるでしょう。合法的な暴力は決して国家だけによって行使されるわけではないのです。

では、合法な暴力と違法な暴力が区別される根底には何があるのでしょうか。正当防衛についてもう少し細かくみてみましょう。たとえば女性が駅のホームで電車を待っていると、酔っぱらった男がちょっかいをだしてきたとします。女性は最初無視していたのですが、男はしつこく女性に声をかけてきて、あげくの果てには女性の肩に手をまわそうとしてきたり腕を引っ張ろうとしてきたりしました。女性は怖くなって男を突き飛ばしました。すると、かなり酔っぱらっていた男はそのままホームから線路に転落。その直後、電車がホームに入ってきて、男は電車に轢かれて死んでしまいました。

この場合、女性の行動は正当防衛として認められるでしょうか。もし認められなければ業務上過失致死罪や場合によっては殺人罪に問われてしまうかもしれません。つまり、正当防衛として認められれば女性の行動は「合法な実力行使」ということになり、認められなければ「違法な暴力」ということになります。

ここで重要なのは、誰がそれを判断するか、ということです。それを判断するのは決して女性本人でもなければ、駅を運営している鉄道会社でもなければ、死んだ男の家族でもありません。そうではなく、判断するのは警察であり、検察であり、最終的には裁判所であり、要するに国家です。国家が判断することによってはじめて、女性の行為は合法な暴力（実力行使）か、違法な暴力かということが確定するのです。いいかえるなら、私たちは国家が認めてくれなければ、合法的に暴力を行使できないのです。

正当防衛のために銃の使用が認められているアメリカでも、これは同じです。たとえ自分が正当防衛のために銃を使用したつもりでも、国家（もしくは州＝ステイト）が過剰防

国家が認めた範囲でのみ合法的に暴力を行使できる

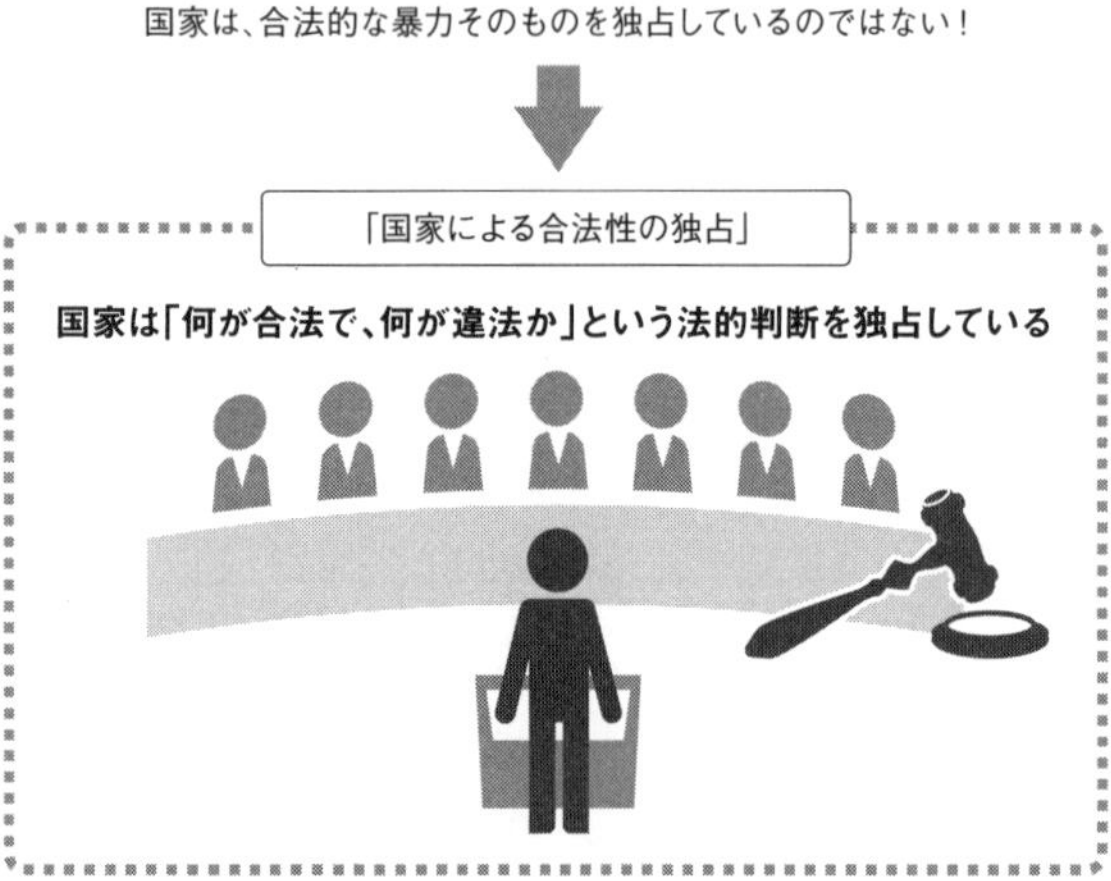

衛だと判断すれば、それは「違法な暴力」として処罰の対象となってしまいます。民間軍事企業に戦争業務が委託されるときも同じです。委託された業務を超えた武力行使がなされたと政府が判断すれば、その武力行使もまた処罰の対象となるでしょう。ベンヤミンはこう述べています。

> **すなわち、個人と対立して暴力を独占しようとする法のインタレストは、法の目的をまもろうとする意図からではなく、むしろ、法そのものをまもろうとする意図から説明されるのだ。法の手中にはない暴力は、それが追求するかもしれぬ目的に**

よってではなく、それが法の枠外に存在すること自体によって、いつでも法をおびやかす。（前掲書）

私たちは国家が認めた範囲でしか合法的に暴力を行使することができません。つまり国家は、合法的な暴力そのものを独占しているのではなく、「何が合法で、何が違法か」という法的判断を独占しているのです。合法性そのものを国家が独占している、ということです。だからこそ国家は、「犯罪者に制裁を下す」というような法と同じ目的を追求する場合でも、個々人が勝手に暴力を行使することを認めないのです。ベンヤミンが右の引用でいっているのはまさにこのことです。法の外で勝手に行使される暴力は、いくら法に書かれてある目的と一致する場合でも、「国家による合法性の独占」をおびやかしてしまう。引用文にある「法をおびやかす」という言葉はそれを意味しているのです。

暴力とは何か❸ 対抗暴力の可能性

ネグリ、ハート
『マルチチュード』
二〇〇四年

現代の世界を覆う資本主義の支配体制を〝帝国〟と名付け、それに対抗できる主体を考察。国籍、人種、宗教、性といったあらゆる属性を超えた多様な人間たちが構成する〝マルチチュード〟による新たなグローバル民主主義の可能性を説く。

今回取り上げる『マルチチュード』は、イタリアの哲学者アントニオ・ネグリ（一九三三〜）とアメリカの哲学者マイケル・ハート（一九六〇〜）によって二〇〇四年にだされた本です。「マルチチュード」とはききなれない言葉ですね。これは「群衆」を意味する言葉ですが、ネグリとハートはそこにふくまれている接頭辞「マルチ」に注目して「多様性をもった（群衆）」という意味をこの概念に込めています。要するに、国籍とか性別、職業や信仰、性的嗜好など、さまざまに異なる属性をもった多様な人間からなる群衆が「マルチチュード」だということです。

ネグリとハートはこの「マルチチュード」を資本主義の世界的な支配体制に対抗する主体として位置づけています。要は、世界中のいろんな人が集まって連帯することで、資本主義の世界的な支配に抵抗していこう、ということです。

ここで考えたいのは、そのとき支配体制の側が軍事力や警察力といった暴力（物理的強制力）をつかって抵抗運動を抑え込もうとしてきたとき、「マルチチュード」はどうしたらいいか、ということです。たとえば二〇一一年に、世界的な金融街であるアメリカのウォール街を占拠して、富裕層や金融機関を優遇するアメリカ政府の政策に抗議するという運動が起こりました。いわゆる「オキュパイ・ウォール・ストリート」です。この抗議運動は世界的な注目を集め、ヨーロッパや日本でもそれに呼応した運動が生まれたのですが、最終的にはウォール街を占拠していたデモ隊は警察力によって鎮圧・排除されてしまいました。そうしたとき、「マルチチュード」はどう対処すべきなのでしょうか。

ネグリとハートは、支配の暴力に対抗するために「マルチチュード」も暴力をもちいるべきだと考えます。そうでなければ、せっかく「マルチチュード」の反資本主義運動が盛り上がっても、支配体制から危険視されて弾圧されてしまえば、簡単に力を失ってしまうからです。ただ、「マルチチュード」も暴力をもちいるべきだとはいえ、その使用においては細心の注意が必要だとネグリとハートは述べています。なぜなら、そこでは暴力を集団的にもちいるわけですから、それがひるがえって支配の暴力になってしまう可能性が十分あるからです。資本主義支配に対抗する「マルチチュード」の暴力が支配の暴力に転化せずに、純粋な対抗暴力にとどまるには何が必要なのか。それを論じたのが以下の引用箇所です。

力や暴力を民主的に使うことは、主権による戦争と同じでもなければその反対でもない。それは主権の戦争とは異なるものなのだ。

第一に、新しい主権の配置においては戦争が主要な役割を担い、政治の基礎を形成するのに対して、民主主義が暴力を用いるのは政治的目標を追求する手段である場合に限られる。（略）

暴力を民主的に使用するための第二の原則――第一の原則よりはるかに実質的だが、はるかに複雑でもある――は、暴力を防衛のためにしか用いないことだ。（略）

暴力の民主的な使用の第三の原則は、民主的組織化のあり方そのものにかかわる。もし第一の原則のとおり、暴力の使用が常に政治的なプロセスと決定に従属し、しかもその政治的プロセスが民主的なもの（略）であるなら、暴力の使用もまた民主的に組織されなければならない。

（幾島幸子訳、NHKブックス）

ネグリとハートはまず、「マルチチュード」が暴力をもちいるのは「政治的目標を追求する手段である場合に限られる」と述べています。これはネグリとハートが「第二の原則」と呼ぶものと組み合わせると理解しやすいでしょう。ネグリとハートは「第二の原則」として「暴力を防衛のためにしか用いないこと」を挙げています。つまり、支配の暴力から自分たちの運動や自立を防衛するためという目的（政治的目標）を追求する手段としてしか「マルチチュード」は暴力をもちいてはならない、ということです。もしそこから少しでも逸脱して暴力をもちいてしまえば、その暴力は「マルチチュード」の純粋な自己防衛としての暴力ではなくなり、攻撃的な支配の暴力になってしまうのです。

さらにネグリとハートは、対抗暴力が組織される仕方についても民主的でなければならないと述べています。すなわち、一般的な軍隊や警察組織のようなヒエラルキーがそこにはあってはならないということです。ネグリとハートの考えによれば、「マルチチュード」とはもともと多様性のもとで民主主義を実現している集団ですが、たとえそれが支配の暴力から自分たちを防衛するために暴力をもちいるときでもその内部は民主的でありつづけなくてはならない、とネグリとハートは考えているのです。

問題は、こうしたネグリ＝ハートの対抗暴力についての考えが本当に彼らの考えるほど斬新なものなのか、つまり本当に支配の暴力と異なるものなのか、ということです。たとえば「政治的目標を追求する手段としての暴力」という考えは、政治的暴力についての古

「マルチチュード」の対抗暴力

第一の原則　政治的目標を追求する手段である場合に限られる
第二の原則　防衛のためにしか用いない
第三の原則　暴力の使用が民主的に組織されなければならない

「国民」の概念が「マルチチュード」の概念に置き換えられただけ？

典的な考えそのものです。秩序を維持するという目的のために、あるいは敵の侵略から自分たちを防衛するという目的のために暴力を手段としてもちいることは、政治の場面では当たりまえのことです。また、対抗暴力の使用は民主的に組織されなくてはならないという点も、民主的な国民国家が国民の総意にもとづいて（つまり国民主権のもとで）民主的に軍事力なり警察力なりをもちいることと本質的には何の変わりもありません。ネグリとハートは「マルチチュード」の対抗暴力が支配の暴力といかに異なるかを強調していますが、その暴力の行使は既存の国民国家が自己の防衛や存立のために国民の総意にもとづいて民主的に暴力をもちいることと変わらないのです。異なる点といえば、同質性にもとづきがちな「国民」の概念が多様性にもとづく「マルチチュード」の概念に置き換えられたことぐらいでしょう。しかしその程度の違いでは、暴力をめぐる理論を刷新したとはとうていいえません。

ネグリ＝ハートの「マルチチュード」の議論が提起されたとき、日本では専門家も含めた少なからぬ人がそれに飛びつき、その思想をもてはやしました。しかし、見かけ上の新しさに惑わされるようでは、哲学を実践することなどとうていできないのです。

権力とは何か

権力とは何か❶　強制と権力の違い

ルーマン
『権力』
一九七五年

ドイツの社会学者ニクラス・ルーマン（一九二七〜九八）による権力論。現象学的な「意味」概念を導入した独自の社会システム論を用いて権力現象を分析し、コミュニケーション・メディアとしての権力という新しい捉え方を提示する。

権力とは私たちにとってとても馴染みのあるものです。「あの人は権力者だ」とか「マスコミは権力を監視しなくてはならない」とかいったように、私たちはよく「権力」という言葉をつかいます。ただ、権力とは何か、とあらためて問われると、それを説明するのはなかなか難しいかもしれません。

基本的な機能に着目するなら、権力とは「たとえ相手がそうしたくなくても、こちらのいうことに相手を従わせる可能性」のことだと定義することができるでしょう。

たとえば会社で上司が部下に翌日までに大量のプレゼン資料を作成するよう命じたとします。部下はこの日、たまたま恋人と夕方からデートする約束をしていたのですが、作成を命じられたプレゼン資料があまりに大量なため、残業をしないと翌日までにそれを終えることはできません。このとき、部下がデートの約束をキャンセルして残業してくれる可能性がどれくらいあるかによって、上司に権力がどれくらいあるのかがわかります。部下が遅くまで残業してでもプレゼン資料を作成してくれるなら、上司にはそれだけのことを命じられる権力があるということになりますし、デートの約束を優先するようなら、上司にはそれほど権力はないということになります。

権力を有する、とは、このような「相手を従わせる可能性」をもつということです。よく「あの人には権力がある」とか「あの人は大きな権力をもっている」などといわれますが、それは、その人が多くの人を自分の意向に従わせることができる可能性をもっているということです。あるいは、たとえ無理難題でも他者を自分の意向に従わせることができるということでもあります。より多くの人を、より難しい（より無理な）要求に従わせることができるほど、その人は大きな権力をもつ、ということです。

この点でいうと、大学の先生が学生に対してもつ権力はそれほど大きなものではありません。たしかに大学の先生は学生に対する明確な権力者ではあります。実際、大学の先生は学生ができればやりたくないと思っているレポートや試験を課すことができるわけですから。ただ、その権力はひじょうに限定的です。というのも、大学の先生は「授業を及第させてほしいと思っている学生に対してのみ、及第するために必要な課題だけ」を命じることができるからです。そこから逸脱して、たとえばセクハラやパワハラまがいのことを要求すれば、現代ではたちまちその先生は社会的な制裁を受けてしまいます。

では、大きな権力をもつにはどうしたらいいでしょうか。すぐに思いつくのは「いうことをきかなければぶん殴るぞ（ぶっ殺すぞ）」といって脅すことです。誰だって痛い目にあったり殺されたりしたくありませんから、暴力をちらつかせればかなりの無理難題を相手に実行させることができます。また、仲間を組織して大きな暴力を行使できるようになれば、多くの人をみずからの権力に従わせることができるようになるでしょう。

国家権力といわれるものは、まさにそうした大きな暴力を組織化することのうえになりたっています。もちろん現代の社会では政府が「いうことをきかなければぶっ殺すぞ」など脅してくることはほぼありません。しかし、法律に従わなければ（つまり政府のいうことをきかなければ）やはり強制的に逮捕されて処罰されてしまいます。その強制は物理的な力の行使によってしか可能ではありません。とはいえ、そうした強制的な権力も決して万能ではありません。というのもそれは何かを「させる」ことにはあまり向いていないからです。次のルーマンの文章はこのことを述べています。

それゆえ、権力は、具体的に明確に定められた何事かをなすべきだとする強制と

は、区別されなければならない。強制を受けるとき、彼の選択可能性はゼロに下がってしまう。強制は、極端な場合には、物理的な暴力の行使ということになり、ひいては、他者が聞き入れない行動を自分で代ってするという結果になる。

（長岡克行訳、勁草書房）

たとえば、どうしてもトイレをきれいにしたくて、いやがる相手にトイレ掃除をさせようとする場合を考えましょう。「殴られたくなければトイレ掃除をしろ」といって脅して、相手がおとなしくそれに従ってくれればいいですが、もし相手がそれに従わなかったらどうしたらいいでしょうか。たしかに相手を殴ることはできます。ボコボコにすることだってできるでしょう。しかし殴ったからといってトイレがきれいになるわけではありません。ましてやボコボコにして相手が気絶したり死んでしまったりしたら、トイレ掃除を命じる相手すらいなくなってしまいます。この場合、トイレをきれいにするという目的を達成するためには、けっきょく自分でトイレ掃除をするか、相手の手にブラシをくりつけて自分でその手を強制的に動かすしかありません。だったらはじめから強制などせずに、頭を下げてお願いするなり、お金を払うなりしてトイレ掃除をしてもらったほうがいいでしょう。

強制的な権力は何かを「させる」ことには向いていない

ここからいえるのはどのようなことでしょうか。それは、物理的な暴力にもとづく強制的な権力は、何かを「するな」と命じることには向いていても、何かを「させる」ことにはそれほど向いていない、ということです。何かをさせるためには、「（それをしないと）給料がもらえない」とか「出世できない」「卒業できない」といった、物理的な強制力とは別の権力のしくみのほうが効率がいいのです。国家権力などの、物理的な強制力を背景にした政治的権力と、企業や学校などでの社会的権力が分離してきた理由がここにあります。何かを「させる」ための権力は物理的な強制から分離することで発達してきたのです。

権力とは何か❷　規律・訓練

フーコー『監獄の誕生』一九七五年

フランスの哲学者ミシェル・フーコー（一九二六〜八四）による権力論。二〇世紀刊行の哲学書で、もっとも広く影響を与えたものの一つ。権力をつうじていかに人々が管理されていくかを「規律・訓練」という概念を用いて分析する。

前節では暴力（物理的強制力）を背景とした権力の特徴について考えてきました。一口に権力といっても、そこにはいろいろなタイプのものがあります。これが前節の大きなポイントでした。

たとえば暴力（物理的強制力）を背景とした権力は、何かを「するな」と命じることにはとても向いていますが、何かを「させる」ことにはあまり向いていません。たとえばもし「入るな」と命じた建物のなかに相手が入ろうとしたら、力づくで相手を取り押さえたり、相手が暴れるようならボコボコにしたり、どこかに閉じ込めてしまったりすれば、「建物に入らせない」という目的は達成することができます。

これに対して、相手にトイレ掃除をさせようとする場合、もし相手がやりたがらなかったら、暴力（物理的強制力）を背景とした権力はどうしたらいいでしょうか。たしかに「トイレ掃除をしなかったら痛い目にあうぞ」と脅すことはできます。しかしそれでも相手がトイレ掃除をしようとせず、さぼったり、逃げようとしたり、まったく動かなかったりしたら、どうしたらいいでしょうか。ボコボコにしたりどこかに閉じ込めたりすることはできるかもしれません。しかしそれでは、力を誇示することはできても「トイレ掃除をさせる」という目的は達成することができません。暴力を行使して相手を従わせようとするとき、相手の身体には受動性があるのみです。相手に能動的に何かを「させる」には、暴力（物理的強制力）を背景にした権力はそれほど効果的ではないのです。

ただし、その権力にも一つだけ「させる」ことのなかで向いていることがあります。それは、金品を支払わせる、ということです。要は「カネをださなければ痛い目にあうぞ」ということです。これなら、もし相手がそれを拒んでも力づくで金品を巻き上げることができますから。相手から金品を手に入れるという目的は、物理的強制力をもちいれば、相手が支払おうが拒もうがどちらにしても達成されるのです。物理的強制力の強みがここにあります。

その強みを活用しているのが国家です。国家は住民から税金を支払ってもらうことではじめて成立していますから、税金を支払わせるための権力は国家にとってなくてはならないものです。国家の権力が物理的強制力（暴力）にもとづいているのには、治安維持や国防といったこと以外にも必然的な理由があるんですね。

とはいえ、そうはいっても暴力（物理的強制力）にもとづいた権力はやはり能動的に何かを「させる」ことには向いていません。とりわけ資本主義社会では、労働者にできるだけ能動的に働いてもらって生産力を上げることが求められますから、暴力（物理的強制力）にもとづいた権力だけではどうしても不十分になってきます。つまりそこでは別のタイプの権力が求められるようになるのです。

ミシェル・フーコーが『監獄の誕生』のなかで着目したのはまさにそうした別のタイプの権力でした。フーコーはその権力を「規律・訓練（discipline）」と呼んでいます。この権力についてフーコーは次のように述べています。

身体が権力関係と支配関係によって攻囲されるのは、かなりの程度までは生産力としてであるが、その代わりに、身体を生産力として組み込むことができるのは、身体が服従の強制の仕組（そこでは欲求もまた注意深く配分され計量され活用される政治的道具の一つである）のなかに入れられる場合に限られる。身体は、生産する身体であると同時に服従せる身体である場合にのみ有効な力となるわけである。（田村俶訳、新潮社）

「規律・訓練」という権力

右の引用文のなかでフーコーはこう述べています、「身体は、生産する身体であると同時に服従せる身体である場合にのみ有効な力となる」と。つまり、人間を命令に従わせると同時に能動的にものごとを生産してくれるようにすることが、「規律・訓練」という権力の目標だということです。単に物理的強制力にもとづいて人びとを従わせるだけの権力とはまったく性格が異なるのです。

たとえば私たちは子どものころから学校に通わされて、時間割にもとづいて行動したり、試験をうけたり、辛抱づよく一つの課題をさせられたりしますよね。これは「規律・訓練」という権力のとてもわかりやすい事例です。そこでは子どもたちはつねに観察され、監視され、評価されます。ただしこうした事態は基本的には大人になってからも変わりません。もし私たちが有能な社会人であろうと思ったら、特定の「規律」のもとでみずからを「訓練」しつづけることを受け入れなくてはなりません。そうした全過程をつうじて私たちは「生産する身体であると同時に服従せる身体」へと（半ば強制され、半ば自発的に）生成していくのです。

もちろん「規律・訓練」といえども人びとを命令に従わせるわけですから、どこかで物理的な強制に頼らざるをえない事態はでてくるでしょう。でも、その強制力の行使そのものは、相手がさぼったり逃げようとしたり反抗しようとしたりするのを物理的に押しとどめることができるだけで、それ以上の効果をもたらしてはくれません。「規律・訓練」の本質はもっと別のところにあります。引用文では、「規律・訓練」という権力においては、服従を強制する場合「（人びとの）欲求もまた注意深く配分され計量され活用される」と述べられています。つまり、「規律・訓練」では服従を強制するような場合ですら、人びとがどうしたら能動的に仕事をするようになるか、どうしたら生産性を高める方向に欲求を差し向けるようになるか、といったことが問題になるのです。

権力とは何か❸　一望監視装置

フーコー『監獄の誕生』

引き続きミシェル・フーコー『監獄の誕生』をみていきましょう。この本は二〇世紀に刊行された哲学書のなかでもっとも広く影響を与えたものの一つです。哲学の領域だけでなく、社会学や歴史学、政治学などの領域でも読まれており、現代哲学の最重要本といってもいいでしょう。

この本の重要性は何よりも、そこでフーコーが「規律・訓練」という新しい権力の概念を提示したことにあります。

「規律・訓練」とはどのような権力でしょうか。それを考えるうえで恰好の材料となるのが、この本のなかでフーコーが分析している「一望監視装置」です。これは一言でいうなら、監視する人は一度に多くの人を監視することができる一方で、監視される人は監視する人を見ることができない、という仕掛けのことです。

〈一望監視装置〉は、見る＝見られるという一対の事態を切離す機械仕掛であって、その円周状の建物の内部では人は完全に見られるが、けっして見るわけにはいかず、

中央部の塔のなかからは人はいっさいを見るが、けっして見られはしないのである。

（前掲書）

具体的な例を挙げましょう。私は大学の教員をしているので、試験監督をすることがよくあります。ただ、この試験監督、長時間やっていると眠くなってしまうことがあります。でも、寝てしまうわけにはいきません。寝てしまえば、学生たちは「あ、試験監督が寝ている。今ならカンニングできる」と考えて、実際にカンニングをしてしまうかもしれません。でも、どうしても眠くて仕方がないときもあります。そんなとき読者の方ならどうするでしょうか？　試験を受けている学生たちの後ろに立って、学生たちから見えないところで寝る、という人もいるかもしれません。それだと、学生たちは試験監督が寝ているのか、こっちを見ているのかわからず、おいそれと怪しまれる行動をするわけにはいきませんから。

大学教員としては立場上、試験監督中に寝てしまってもいい、とは決していえませんが、これは「一望監視装置」的にいえば〝いい〟方法です。なぜなら、たとえ試験監督が後ろで寝てしまっても、学生たちは「自分は見られているか見られていないかわからないけれど、見られている可能性がつねにある」と思ってくれるので、実際に監視をしているのと同じ効果が生まれるからです。この効果こそ、一望監視装置の本質です。つまり、監視している人が監視されている人から見えなければ、実際に監視していようがいまいが、監視の効果は持続するのです。

このときの監視されている人の内面状態を考えてみましょう。監視されている人は、実際には監視されていないかもしれないのに、監視されているという視線を自分自身でつくりあげてしまいます。これを「視線の内面化」などといったりします。監視されている（かもしれない）人は、他人の視線を内面化することでつねに監視の視線を機能させ、その視線のもとで行動するのです。ほかでもない自分自身で〝監視されている状態〟をつくってしまうんですね。そして、いつ監視者に見られていても大丈夫なように自分で自分を律するようになるのです。

このように、自分で自分を律するようになる主体をつくりだすことこそ、「規律・訓練」という権力の主要な特徴にほかなりません。それを保証するのが、〝見ることなく見られる〟状態に人びとを恒常的に置く一望監視装置の働きなんですね。各人は見ることなく見られつづけることによって、自分で自分を律するようになり、最終的にはみずから権力の作用を再生産するのです。

一望監視装置

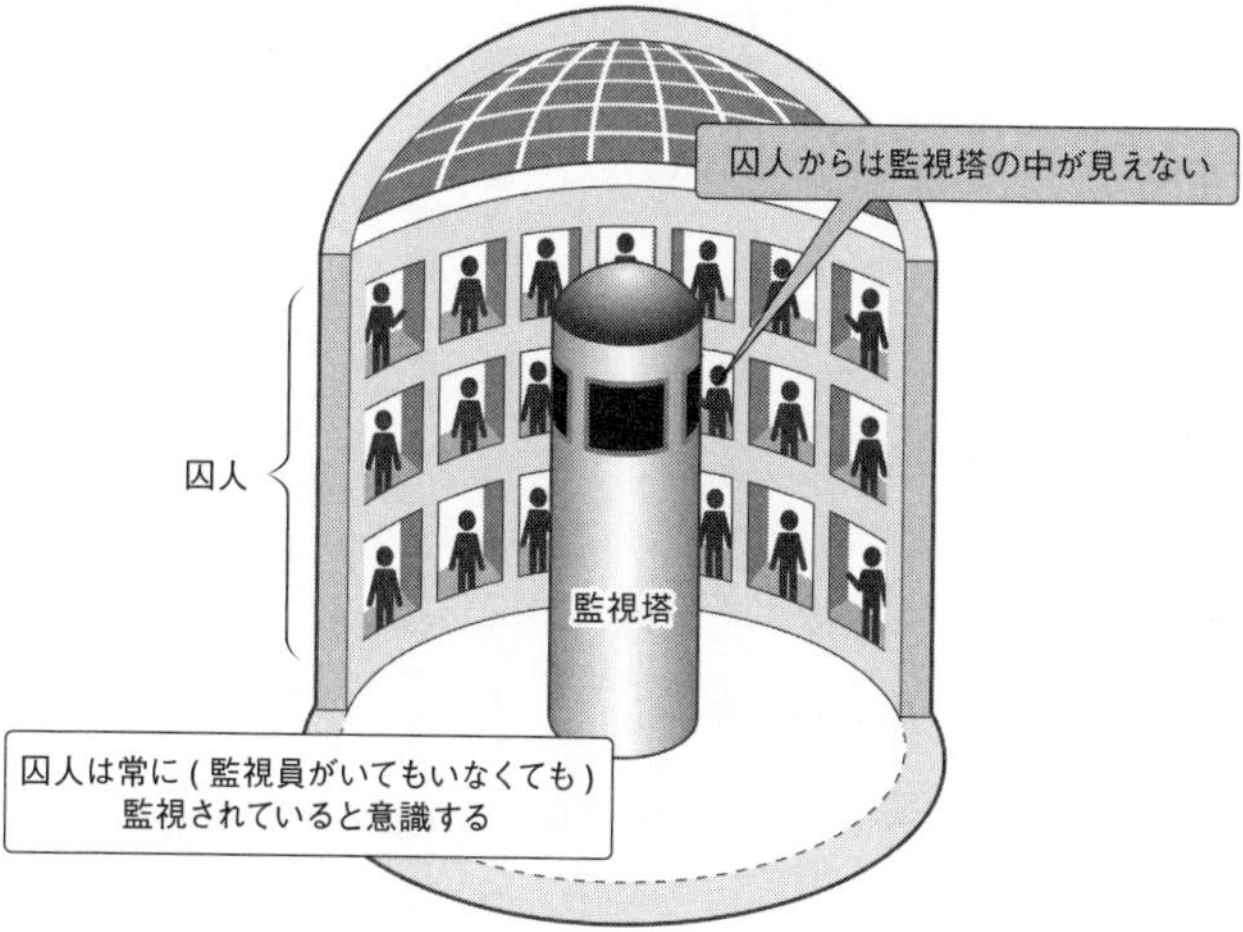

権力の効果と強制力はいわばもう一方の側へ——権力の適用面の側へ移ってしまう。つまり可視性の領域を押しつけられ、その事態を承知する者は、みずから権力による強制に責任をもち、自発的にその強制を自分自身へ働かせる。しかもそこでは自分が同時に二役を演じる権力関係を自分に組込んで、自分がみずからの服従強制の本源になる。　（同前）

一望監視装置は一八世紀から一九世紀にかけて活躍したイギリスの哲学者ベンサムが考案したもので、最初に監獄で具体化されました。そこでは囚人部屋が円形状に配置されていて、その中央に監視塔が立っています。囚人たちは監視塔から監視員が自分たちを一望できることを知っているのですが、監視塔のなかをうかがい知ることはできず、そこに監視員がいるのかどうかさえわからないようになっています。監視員は囚人に見られることなく全員を監視することができ、囚人たちは自分がいつ見られているかわからないまま〝恒常的な可視化〟状態に置かれるのです。

この一望監視のモデルはまたたく間に学校や工場などにも広がっていきました。一望監視装置はまさに監視技術のイノベーションだったのです。その監視技術は現在でも監視カメラなどによってさらに増幅され、洗練されています。

権力というと、一般には「抑圧的なもの」というイメージで考えられがちです。命令に従わなければ逮捕や処罰といった制裁を下されてしまう、そんなイメージですね。これに対し、フーコーは「規律・訓練」の概念によって新しい権力の姿を描きだしました。他人の視線を内面化し、自分で自分を律するような主体を生みだす、という権力です。そのときに活用されるのが、各人をつねに見られているという状態にする一望監視の技術なのです。

権力とは何か❹　生-権力について

フーコー
『性の歴史I　知への意志』
一九七六年

人間の生を管理する近代の権力を分析し、古代ギリシャ・ローマから現代まで性と社会の諸相を論述したフーコー最後の著作『性の歴史』（未完）の第一巻。権力・快楽・知の関係から人間の性がいかに構成され成立したかを説く。

近年、統計学という学問がとても注目されています。ビジネス書には統計学を指南する本があふれていますし、大学でも統計学を教育課程のなかに組み込むところが少しずつですが増えています。少しまえに「ビッグデータ」という言葉が流行ったように、さまざまなものが電子ネットワークによってつながれ、これまでとはケタ違いの量のデータがそこから集められるようになったことで、そのデータを解析する統計学の力があらためて見直されているのでしょう。

ただ、振り返ってみると、こうして統計学に注目が集まるようになるまえから、私たちは統計にもとづいて現状を認識したり改善したりすることに慣れ親しんできました。たとえば私たちは各国の経済規模をＧＤＰ（国内総生産）によって把握することに慣れ親しんでいます。そしてそれが何パーセント増えたのか（減ったのか）、どうしたらそれを増やせるのか、ということを真剣に議論しています。あるいは経済現象以外のところでも、私たちは日本の毎年の出生数や出生率をとても気にしますよね。日本では長らく少子高齢化が問題になっているからです。そして、どうしたら出生数や出生率を高められるのかを、それこそ国民的なレベルで議論しています。

ほかにも私たちは、平均寿命や罹病率、自殺死亡率、交通事故死者数、空き家率、自動車販売台数、米消費量などなど、あらゆる現象を数量によってあらわし、それをつうじて現状を把握し、その現状を改善するためにどうやったら対象の数量を増やしたり減らしたりできるのかを日々考察しています。それだけ私たちは、問題を把握したり解決したりするために統計に依存している、ということです。

二〇世紀フランスの哲学者ミシェル・フーコーはしかし、こうした問題へのアプローチ方法を一つの「権力」だとみなしました。

> **君主の権力がそこに象徴されていた死に基づく古き権力は、今や身体の行政管理と生の勘定高い経営によって注意深く覆われてしまった。古典主義の時代における様々な規律制度——学校とか学寮、兵営、工房といったもの——の急速な発展である。同**

時にまた、政治の実践や経済の考察の場で、出生率、長寿、公衆衛生、住居、移住といった問題が出現する。つまり、身体の隷属化と住民の管理を手に入れるための多様かつ無数の技術の爆発的出現である。こうして「生-権力《ビオ・プーヴォワール》」の時代が始まるのだ。その発展を見る二つの方向は、十八世紀にはなお明確に区別されたものとして立ち現われている。規律の側には、軍隊や学校といった制度がある。戦術について、技能習得について、教育について、社会の秩序についての反省である。（略）住民＝人口の調整の側にあるのは、人口統計学《デモグラフィ》であり、収入と住民の関係の算定であり、富とその循環の、生とその確率的長さの図表化で（略）ある。

（渡辺守章訳、新潮社）

右の引用文をみてください。そこには「生-権力」という言葉がでてきます。この言葉はフーコーが新しくつくりだした概念で、はじめて目にする読者もいるかもしれません。「権力」に「生」がくっついているため、なにやら謎めいた概念にみえますが、その意味としては「人間が生きるという現実のさまざまな場面に積極的に介入することで、人びとをより効率的に管理したり、人びとにより生産的な活動をさせたりすることをめざす権力」という程度に理解すれば十分です。

フーコーは引用文のなかで、その「生-権力」には二つの方向性があると説明しています。一つは、個々人の身体活動に働きかけることで、個々の人間をより御《ぎょ》しやすく、またより効率的に活動してくれる存在へとつくりかえていくという「規律」の方向性です。引用文のなかでは「身体の隷属化」といわれている方向性です。たとえば学校では、子どもたちをいつも監視し、決められた時間割のもとで活動させたり、学業成績や生活態度などについてつねに評価の眼にさらし、苦手なものや至らないことは何度も繰り返させたりして、規律ある存在へと訓練します。まさにこの方向性はフーコーが『監獄の誕生』のなかで分析した「規律・訓練」の権力実践を指しています。

「生‐権力」のもう一つの方向性は、フーコーが引用文のなかで「住民の管理」とか「住民＝人口の調整」と呼んでいるものです。これは、個々の人間の身体活動に介入するのではなくて、それこそ出生率や平均寿命、経済指数といった統計であらわされるような、人びとの集合体に介入する方向性です。つまり、人びとが生きているという現実を一つのまとまり（集合体）としてとらえ、それを特定の指標によって数量化し、その数量を増やそうとしたり減らそうとしたりすることで、人びとの集合体をより望ましいものへと改善していこうという実践です。ＧＤＰを伸ばそうとしたり、出生率を向上させようとしたり、自殺死亡率を低下させようとしたり、罹病率を低下させて国民の健康を増進させようとしたりする実践はすべて、「生‐権力」のこの方向性に含まれるということです。

「生—権力」の二つの軸

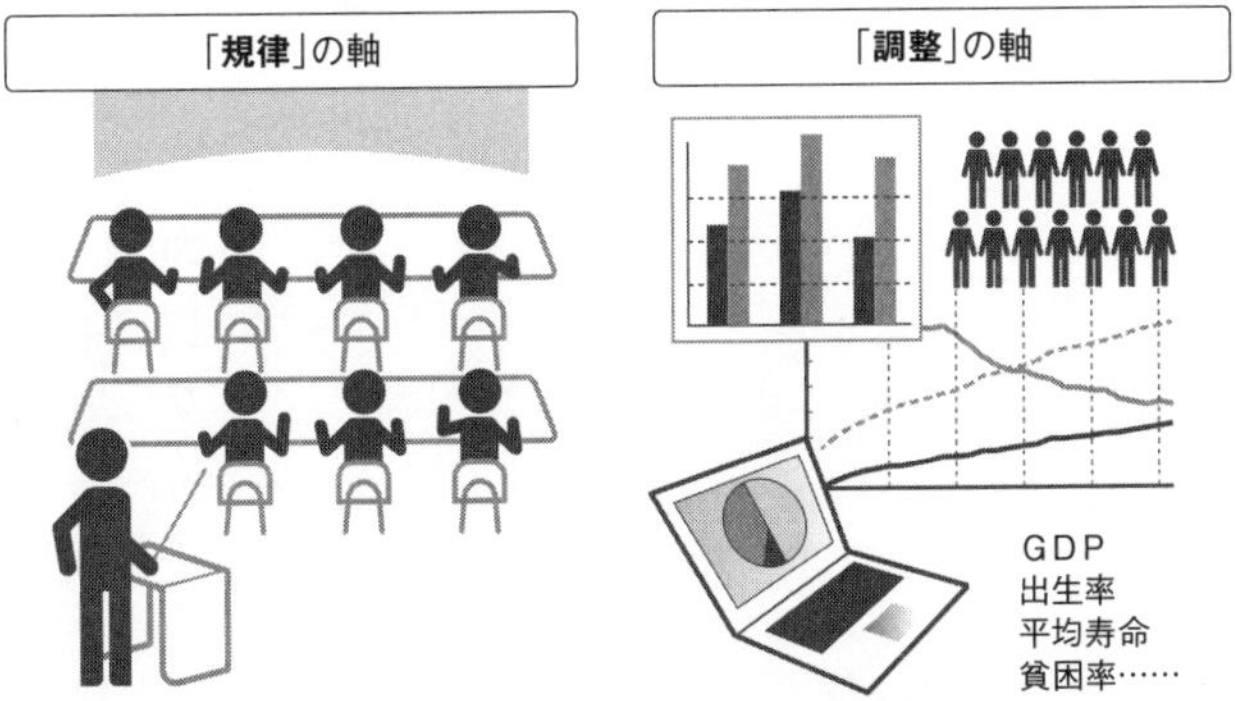

監視や評価、たえざる訓練などによって個人を規律ある存在へとつくりあげていく権力のあり方

人びとの活動を集合体としてとらえ、それを特定の指標によって数量化し、その数量を増やしたり減らしたりするような手立てを講じること

理論的には、人間を個人のレベルに分化し、個々の身体活動に介入するのが「規律」の方向性で、人間の活動を一つのまとまりとしてとらえ、そのまとまりが示すさまざまな現象を数量化して管理するのが「調整」の方向性だと理解してください。

それにしても、と読者のなかには次のような疑問をいだく人もいるかもしれません。なぜ統計データをつかって社会の問題を把握したり解決しようとしたりすることが権力に当たるのか、と。

もっともな疑問です。ふつう「権力」といえば、「こちらのいうことをきかなければ、もっといやな目に合わせるぞ（たとえば、法に従わなければ逮捕するぞ）」

というかたちで、私たちが望まない行為でも強要してくる力を指すわけですから。

この疑問はしたがって、フーコーはそもそも権力をどのようなものとして考えていたのか、という問題につながります。この点については次節で考察していきましょう。

権力とは何か❺　権力の三つのタイプ

フーコー
**『ミシェル・フーコー講義集成7
安全・領土・人口』**

一九七七〜七八年に行われたフランス国立高等教育機関コレージュ・ド・フランスにおける講義の記録。国家の権力行使が領土支配から人口管理へと移行していく推移をたどり、フーコーならではの広い射程で権力のメカニズムを論じる。

前節では、ミシェル・フーコーの「生‐権力」という概念について考察しました。「生‐権力」とは、フーコーが一九七六年の著作『性の歴史1　知への意志』のなかで提起した概念です。その概念によってフーコーは、それまでの一般的な権力概念では理解しきれない、新しい権力のあり方を指し示そうとしました。

まず、それまでの一般的な権力概念では、「権力」といえば「痛い目にあいたくなければ俺のいうことをきけ」と命じてくるような力のことが想定されていました。「刑務所にいきたくなければ（死刑になりたくなければ）法に従え」と迫ってくる公権力は、その典型です。ただし、こうした権力はいたるところに存在していて、たとえば大学教員が学生たちに「単位（及第点）がほしければ（俺のいうとおり）レポートを書いてこい」と指示することも同じタイプの権力に該当します。

フーコーが提起する「生‐権力」の概念は、こうした権力の概念とはまったく異なります。フーコーは「生‐権力」には二つの軸があると説明していました。一つは「規律」の軸です。これはフーコーが『監獄の誕生』のなかで分析した権力のあり方で、たえざる監視や評価、訓練などによって個人を規律ある存在へとつくりあげていく権力のあり方を指しています。もう一つは「調整」の軸です。これは、人びとの活動を一つのまとまり（集合体）としてとらえ、それを特定の指標によって数量化し、その数量を増やしたり減らしたりするような手立てを講じることで、人びとの集合体をより望ましいものへと改善していこうという実践をあらわしています。ＧＤＰを伸ばそうとしたり、出生率をあげようとしたり、貧困率をさげようとしたりする実践はすべてここに含まれます。

問題は、なぜフーコーはこうした実践まで「権力」として考えるのか、ということです。「規律」の軸を権力として考えることは、まだ理解できるでしょう。学校生活を思い出せばわかるように、そこでは遅刻をすれば怒られ、達成できない課題は何度も繰り返しやらされ、行儀よくしていなければ罰せられるなど、何らかの強制力が行使されるからです。しかし「調整」の軸まで「権力」だといわれると、少し戸惑ってしまいます。実際、出生率をあげようとしたり、貧困率をさげようとしたりするとき、私たちには権力を行使

していると いう意識はほとんどありません。こうした疑問に答えるのが次の引用文です。

> 主権は領土の境界内で行使され、規律は諸個人の身体に行使され、そして最後に安全は人口全体に行使される、と言えるかもしれません。領土の境界、諸個人の身体、人口全体というわけです。まあ、そうなのですが……それではまずい。（略）主権が本質的に領土内に書きこまれ機能するものであるとしても、（略）事実上は主権が実際的・現実的・日常的にどのように展開され行使されているかを見れば、そこで示されるのはもちろんつねに人の群れなのです。（略）
>
> 　規律もまた、もちろん諸個人の身体に行使されるものではありますが、私は、じつは規律において個人がいかに規律の行使される第一の与件ではないかを示そうとしたことがあります。ある人の群れと、その群れを出発点として獲得すべき目的・目標・結果、これらがあってはじめて規律は存在する。学校・軍・刑罰における規律も、工房における規律や労働者に対する規律もすべて、人の群れを管理・組織するやりかた（略）なのです。個人とは、規律を打ち立てる出発点となる第一の資材であるというよりはるかに、規律が人の群れを切りさばくやりかたなのです。規律とは、人の群れがあるところで、これを個人化する方法なのです。（略）つまり結局、主権も規律も、そ

してもちろん安全も、人の群れと関わりをもたざるをえない。（高桑和巳訳、筑摩書房）

ここでフーコーは三つのタイプの権力について説明しています。「主権」「規律」「安全」です。「主権」というのは、一般的な権力概念でいう権力のあり方に対応しています。かつて主権者であった君主たちは「死刑になりたくなければ俺のいうことをきけ」と臣民たちに迫りました。これは現代では「逮捕されたくなければ法に従え」という公権力の命法に受け継がれています。「規律」とは、もちろんフーコーがこれまで論じてきた「規律・訓練」のことですね。問題は「安全」です。これは「生-権力」のもう一つの軸である「調整」を意味しています。

なぜ「調整」が「安全（セキュリティ）」といわれるのでしょうか。「社会保障」という言葉がヒントとなります。「社会保障」は英語で「ソーシャル・セキュリティ」といいます。つまり、人びとの社会生活上の「安全・安寧（セキュリティ）」を向上させていこうとするのが社会保障です。もともと「調整」の実践は公衆衛生や社会保険の分野から発展してきました。はじめから「調整」は社会的な「セキュリティ（安全・安寧）」と関係が深いのです。そうした社会生活上の「セキュリティ」を向上させるために、人びとの集合体に介入するのが「調整」です。だからこそここではそれが「安全」といわれているのです。

フーコーは右の引用文で、これら三つのタイプの権力はすべて「人の群れ」を対象としていると述べています。「安全」が「人の群れ」に関わるという点はわかりやすいでしょう。もともとそれは人びとの集合体に直接介入する実践なのですから。これに対して「主権」は「命令やルールに従わなければ、痛い目にあわせるぞ（たとえば刑務所にぶち込むぞ）」というかたちで「人の群れ」を管理しようとします。また「規律」は、たしかに直接的には諸個人に作用するものですが、それはあくまでも「人の群れ」を諸個人に分化してその諸個人に働きかけることが「人の群れを管理・組織するやりかた」になっているからです。

つまり、どのタイプの権力も「人の群れ」を管理するという点で共通しているのです。その方法や手段、目標がそれぞれの権力で異なるというだけです。フーコーがよくつかう言葉でいえば、それぞれの権力は「人の群れ」を管理する「技術」の違いに対応している、ということです。逆にいうと、フーコーは「人の群れ」を管理する技術のことを「権力」と呼んでいるのです。フーコーは何でもかんでも「権力」といっているのではありません。フーコーにおいて権力は明確に概念化されて論じられているのです。

正義とは何か

正義とは何か❶　分配の正義

アリストテレス『ニコマコス倫理学』

哲学のみならず、自然科学・政治学から美学まで広範に論じた古代ギリシャの哲学者アリストテレス。その知の巨人が、人間の究極の目的は最高善を手にすることにあるとして、その方法について論じた倫理学の古典。

　分配の問題があらためて注目されています。たとえばヨーロッパ諸国では極右政党が勢力を増しています。なぜ人権を重んじるヨーロッパの国々で、移民排除を唱える極右政党が支持を拡大しているのでしょうか。それは、「財政難でわれわれ自国民の社会保障すらままならないのに、なぜ移民のために財源をつかわなくてはならないのか」という問題意識が社会に広がっているからです。つまり、政府の予算という「限りある社会的資源」を誰に分配するのか、という分配の問題がそこでは鋭く問われているのです。極右政党の支持者たちはその分配の問題に対して、「政府の予算はわれわれ自国民のものだから、それはわれわれ自国民のためにつかわれなくてはならない」と考えるのです。

　日本でネトウヨといわれる人たちや、ヘイトスピーチのデモをおこなう人たちにも同じような問題意識があります。彼らは特定の在日外国人が「特権」をもっていることを批判しますが、そこにあるのは「特定の在日外国人が日本の社会的資源を不当に奪っているのではないか（本来それは日本人のために分配されるべきである）」という問題意識です。

二〇一六年のアメリカ大統領選挙でトランプを支持した人たちについても同じことがいえます。「なぜ限りある国防予算を日本などの外国のためにつかわなくてはならないのか（もっと日本に極東アジアの防衛のための費用を払わせろ）」「なぜアメリカ国内に麻薬や犯罪、テロの危険をもちこんでくるヒスパニック系移民やイスラム系移民のために社会を開放しなくてはならないのか」。こうした問題意識がそこにはあるのです。

分配の問題とは「限りある資源を、誰に、どのように分配することが正しいのか」を問う、正義をめぐる問題系の一つです。この場合、対象となる「資源（リソース）」はどんなものでもかまいません。政府の予算でもいいし、相続争いにおける財産でもかまいません。また、土地のような自然物でも分配の問題の対象となります。隣の敷地との境界画定が問題になるときなどはその典型です。国家同士の領土問題も、この土地はどの国のものなのか問う、分配の問題の一つのバリエーションです。

ただし、分配の問題ではどのようなものでもその対象となりうるといっても、それは「限りあるもの」でなくてはなりません。無限にあるものなら、誰にどれだけ与えても尽きることはありませんから、分配の問題は起こりえません。限りあるものだからこそ、それは人びとにとって貴重なものとなるのであり、「誰のものとすべきか」という分配の問題がぬきさしならない問題として浮上してくるのです。

この点からみると、現代の日本やアメリカ、ヨーロッパといった先進国で分配の問題があらためて注目されていることには十分な理由があることがわかります。これら先進国では、それぞれの国によって程度の差はありますが、しばらくまえから経済成長がなかなか達成されなくなってしまいました。経済成長とは、経済規模が拡大して、全体の経済的パイが増えることです。経済成長があれば雇用や賃金も増加傾向になりますし、政府の税収も増加します。そうした経済成長が当たりまえだった時代では、分配の問題はそれほど関心を集めませんでした。経済的なパイが拡大しているため、「パイの有限性」がそれほど意識されなかったのです。経済成長が当たりまえのものではなくなり、パイの有限性やパイの縮小が意識されるようになってはじめて、分配の問題もより深刻なものとして意識されるようになったのです。

その分配の問題を哲学史のなかではじめて論じたのはアリストテレスです。次の引用文がまさにその該当箇所です。

すなわち、もし当事者が均等なひとびとでないならば、彼らは均等なものを取得すべきではないのであって、ここからして、もし均等なひとびとが均等ならぬものを、ないしは均等ならぬひとびとが均等なものを取得したり配分されたりすることがあれば、そこに闘争や悶着が生ずるのである。

さらに、「価値に相応の」という見地から見てもこのことは明らかであろう。けだし、配分における「正しい」わけまえは何らかの意味における価値（アクシア）に相応のものでなくてはならないことは誰しも異論のないところであろう。

（高田三郎訳、岩波文庫）

アリストテレスはここで、どのような分配の方法が「正しい」のかを説明しています。その方法とは、それぞれの人の価値に応じて対象となるものを分配する、というものです。たとえば日本では、企業の賃金を年功に応じて支払うべきか、能力や成果に応じて支払うべきか、という議論がしばしばなされますが、これはアリストテレスの観点からいえば、勤続年数という「価値（アクシア）」に応じて賃金を払うべきか、それとも能力や成果という「価値（アクシア）」に応じて賃金を払うべきか、という対立にほかなりません。

現代の社会をみわたすと、ほとんどのものがこうした「価値」に応じて分配されているこ

分配の正義

それぞれの人の価値（アクシア）に応じて対象となるものを分配すべきである

例えば……賃金を「能力や成果」に応じて支払うとすると

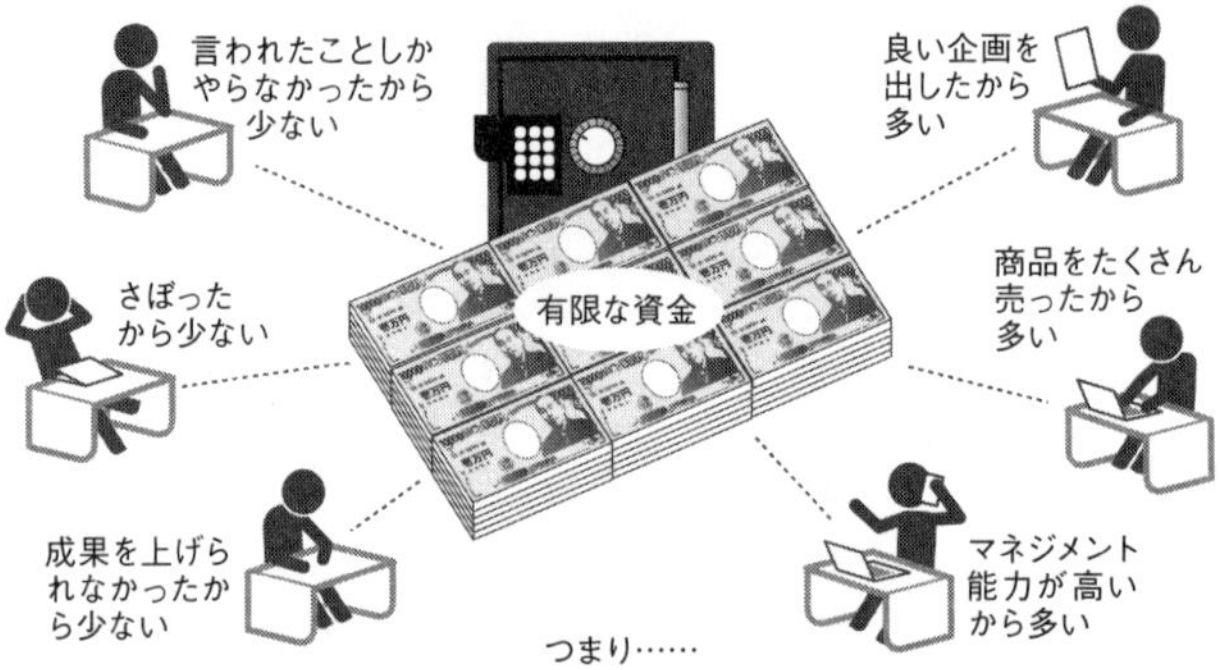

つまり……

能力や成果という「価値（アクシア）」に応じて賃金を払うという正義

とがわかります。一人一票という平等原則にもとづく選挙権ですら、「一八歳以上の日本国民であること（一八歳以上の日本国籍をもつもの）」という「価値」に応じて分配されています（一八歳未満だったり、日本国籍をもたなかったりすれば、選挙権は「分配」されません）。もちろん、人びとが考える価値の基準はさまざまなので、どのような「価値」のもとでどれだけのものを分配するか、という問題にはなかなか決着がつきません。とはいえ、分配の問題は「価値」をどう評価するかという問いと切り離せない、というアリストテレスの指摘は現代でも鋭さを失っていないのです。

正義とは何か❷　悪の陳腐さ

アーレント
『イェルサレムのアイヒマン』
一九六三年

米雑誌『ザ・ニューヨーカー』に連載された、元ナチス・ドイツの国家秘密警察ユダヤ人担当課長アドルフ・アイヒマンの裁判記録。数百万人のユダヤ人を強制収容所送りにしたアイヒマンを凡庸で小心者の役人として描き、大きな論争を巻き起こした。

ハンナ・アーレントはドイツで生まれたユダヤ人の政治哲学者です。はじめハイデガーのもとで哲学を学び、その後、ナチス政権から逃れてアメリカに亡命しました。二〇一三年にはアーレントを題材にした映画が日本でも公開されて話題になり、彼女の著書『イェルサレムのアイヒマン』における〝陳腐な悪〟という分析が注目を集めました。

この本のタイトルになっているアイヒマンは、ナチス・ドイツの親衛隊員で、何百万人ものユダヤ人をアウシュヴィッツなどの強制収容所に移送した部局の責任者だった男です。第二次世界大戦後、アイヒマンは戦争犯罪で訴追されることを恐れてアルゼンチンに逃亡、潜伏します。しかし一九六〇年にイスラエルの諜報機関であるモサドの工作員に発見、拉致されて、イスラエルに強制連行されました。そしてそこで裁判にかけられて、有罪となり、処刑されました。

アーレントの『イェルサレムのアイヒマン』はこの裁判の経過を報告しながら、独自の分析を加えた書物です。

裁判で明らかになったのは、実際のアイヒマンが決して凄まじい反ユダヤ思想をもった極悪人ではなかったということでした。裁判でアイヒマンは、役人として私は命令に従ったまでだ、ということを繰り返し主張しました。要するにアイヒマンはどこにでもいる凡庸な公務員にすぎなかったのです。もちろんアイヒマンは自分が職務を遂行することによって、ユダヤ人たちがどんな運命にさらされることになるのかを知らなかったわけではありません。でも、それが官吏である自分に与えられた職務であり、自分はその職務に忠実であろうとしただけだと、アイヒマンは裁判で答えたのです。

その帰結については何も考えず、ただ職務をこなしていただけのアイヒマンの姿勢を、アーレントは本書のなかで「無思想性」だと批判しています。そしてアーレントは、ユダヤ人大量虐殺をおこなったナチス・ドイツという恐るべき国家体制をなりたたせていたのは、結局アイヒマンのような凡庸で陳腐な人間の集まりだったと分析します。そうした陳腐さのなかにこそ、じつは悪の本質があるのだ、と。

こうしたアーレントの分析は、日本の人文思想系のアカデミズムや論壇でも高く評価されています。しかし、この本の分析が本当にそこまで評価されるべきものなのかは、一度立ち止まって考えてみる必要があります。というのも、アーレントはそこでひじょうに危険な論拠によってアイヒマン裁判を正当化しているからです。

アーレントは本書の「あとがき」の前におかれた「エピローグ」で、このアイヒマン裁判に向けられたいくつかの批判に対して裁判の正当化をおこなっています。その批判の一つは、イスラエル政府はアイヒマンを不法な手段で拉致して裁判にかけたので、この裁判はそもそも無効ではないか、というものです。

すでに述べたようにアイヒマンは戦後アルゼンチンに逃亡していましたから、もしイスラエルがアイヒマンを国内の裁判にかけたければ、アルゼンチン政府から身柄を引き渡してもらうしかありませんでした。しかしイスラエルは諜報機関をつかってアイヒマンをアルゼンチンから拉致して裁判にかけました。これは明白な国際法違反であり、アルゼンチンの主権の侵害です。

しかしアーレントは、それでもこの裁判は正当で必要なものだったと主張します。その理由を述べたのが次の引用文です。

従ってアイヒマン裁判は他の継承裁判と次の一点だけで異なっていた——つまり、被

告は正当に逮捕され、イスラエルに引渡されたのではなかった。それどころか、彼を裁きに服せしめるために国際法に対する明白な侵犯がなされたのである。（略）この拉致を正当化する理由は犯罪の先例のなさとユダヤ人国家の成立ということだった。（略）「大きな犯罪は自然を害い、そのため地球全体が報復を叫ぶ。悪は自然の調和を乱し、罰のみがその調和を回復することができる。不正を蒙った集団が罪人を罰するのは道徳的秩序に対する義務である」（ヨサル・ロガト）という命題をわれわれは拒否し、そのような主張を野蛮とみなす。にもかかわらず私は、アイヒマンがそもそも裁判に附されたのはまさにこの長いあいだ忘られていた命題にもとづいてであるということ、そしてこの命題こそ実は死刑を正当化する究極の理由であるということは否定できないと思う。

（大久保和郎訳、みすず書房）

ここでアーレントが述べているのは、ユダヤ人大量虐殺という歴史的犯罪に対しては、どんな手段でもいいから責任者が処罰され、報復がなされなければ正義は回復しない、だからアイヒマン裁判は正当なのだ、ということです。要するに、正義のためには法を無視してもいい、とアーレントは述べているのです。

このアーレントによる正当化はかなり深刻な問題をはらんでいます。というのも、もし正義のためなら法を無視してもいいのであれば、そもそも法なんて必要なくなってしまうからです。何が正義かという判断は人によってそれぞれ異なります。そのバラバラな判断にもとづいて正義が執行されれば、暴力が際限なくエスカレートしてしまうでしょう。だからこそ近代法では道徳と法の原則が切り離されたのです。その近代法の原則を、アーレントは否定してもいいと述べているのです。

じつは、こうした近代法の原則を否定することで成立したのが、まさにナチス・ドイツの体制でした。ヒトラーは政権を掌握したとき、全権委任法を成立させ、民主的なワイマール憲法を事実上停止しました。これによってナチスは法をこえて、ナチ的「精神」にもとづいてドイツを統治することが可能となりました。アーレントは、アイヒマン裁判を正当化しようとして、はからずもみずからが批判するナチズムを反復してしまっているのです。

私たちのほとんどはアイヒマンのような凡庸で陳腐な人間です。その点はアーレントだって変わりません。だからこそ、陳腐な悪が暴走しないように近代法の仕組みがあるのです。その点を忘れてアーレントの主張を評価することは、それこそ陳腐な道徳論者のやることです。

刑罰とは何か

刑罰とは何か❶　死刑廃止論

ベッカリーア
『犯罪と刑罰』
一七六二年

一八世紀当時の絶対主義体制における死刑制度を社会契約説の立場から痛烈に批判し、ヨーロッパの哲学史において初めて死刑と拷問の廃止を訴えた名著。近代刑法思想の礎石としてのちのヨーロッパ各国の刑法改革に大きな影響を与えた。

読者のみなさんは死刑制度に賛成でしょうか、反対でしょうか?

内閣府は五年に一度、死刑制度に対する国民の世論調査をおこなっています。直近の世論調査は二〇一九年一一月におこなわれました。それによると「死刑もやむを得ない」と死刑制度を容認したのは八〇・八%でした。これに対して「死刑は廃止すべきである」と答えたのは九・〇%です。一〇年前の二〇〇九年の世論調査では、死刑を「やむを得ない」と容認したのは八五・六%でした。この数字と比べると、二〇一九年では死刑容認派が少しですが減っています。とはいえ、それでもやはり国民の大部分が死刑制度を――積極的に賛成しているとまではいえないにしても――容認していることには変わりません。

こうした死刑容認の趨勢からいえば、読者のみなさんの大部分も死刑容認派かもしれません。積極的に賛成、という人も少なくないでしょう。

では、哲学の歴史のなかでは死刑はどのように議論されてきたのでしょうか。ここではまず、死刑に反対した一八世紀イタリアの法哲学者、チェーザレ・ベッカリーア（一七三八〜九四）の議論をみていきましょう。

もしかしたら読者のなかには、なぜ死刑賛成論ではなく死刑反対論を最初に取り上げるのかと疑問に思う人もいるかもしれません。死刑反対論を最初に取り上げるのは、なにも私がその反対の立場をみなさんに押し付けたいからではありません。そうではなく、哲学の歴史のなかではずっと死刑という刑罰は当たりまえのものだったので、ベッカリーアの死刑反対論がでるまでは死刑についてそれほど踏み込んだ議論がなかったからです。ベッカリーアの死刑反対論がでたことで、死刑に賛成する側もようやく理論的に踏み込んで死刑を擁護するようになったのです。

言い換えるなら、ベッカリーアは哲学の歴史のなかで、とりわけ近代になって以降の哲学の歴史のなかで初めて死刑反対論を正面から展開した人でした。近代以降の哲学の歴史のなかで初めて、ということは、要するに近代国家という今の政治のあり方が成立してから初めて、ということです。ベッカリーアは正直なところ哲学史のなかではそれほど有名な哲学者ではありませんが、近代国家を前提とした死刑反対論を初めて正面から展開した哲学者という点では現代においてもひじょうに重要な哲学者なのです。

では、ベッカリーアはどのようなロジックで死刑に反対したのでしょうか。ベッカリーアはこう述べています。

> このように刑罰のせめ苦を濫用《らんよう》することが決して人々を良くしていないのを見て、私は検討したくなった。——死刑はほんとうに有用なのか。賢明な政体にとって正しいことなのか。——を。
>
> 人間が同胞をぎゃく殺する「権利」を誰がいったい与えることができたのか？ この権利はたしかに主権と法律との基礎になっている権利とは別のものだ。法律とは各個人の自由の割前——各人がゆずることのできる最小の割前の総体以外の何物でもない。それは個々人の意思の総体である総意を表示する。さてしかし、誰が彼の生命をうばう「権利」を他の人々に与えたいなどと思っただろうか？ どうして各人のさし出した最小の自由の割前の中に、生命の自由——あらゆる財産の中でもっとも大きな財産である生命の自由もふくまれるという解釈ができるのだろう？
>
> （風早八十二・五十嵐二葉訳、岩波文庫）

引用文には「権利」を「与える」という表現がでてきます。これはベッカリーアの死刑廃止論が社会契約説に立脚していることを示しています。社会契約説というのは、主権をもった近代国家がどのようにして成立したのかを説明するための理論です。その理論のポイントとなるのが「権利」を「与える」という事態です。

たとえば近代国家のもとで生きている私たちはたとえ泥棒を捕まえたとしても自分たちで処罰することを許されていません。しかし中世の時代であればそれも許されていました。日本でも各村落は自分たちの村で起こった殺人や傷害、窃盗などの事件の犯人を自分たちで捕まえて処罰していました。処刑さえも日常的におこなわれていました。これを「自検断」といいます。近代国家は、こうした自力救済のための「権利」を人びとが放棄し、政府が処罰の「権利」を各人に代わって独占することで成立しました。こうした「権利」の放棄と独占によって近代国家の成立を説明するのが社会契約説であり、ベッカリーアはその「権利」の放棄と独占をまとめて「与える」という言葉であらわしているのです。

ベッカリーアはしかし、政府に与えられたこの処罰する「権利」のなかには死刑をする「権利」は含まれていないと主張します。なぜなら、人びとは自分の身の安全を確保するためにこそ自力救済のための「権利」を放棄して政府にそれを委ねたからであり、たとえ処罰するためであってもその「権利」によって自分が殺されてしまうことまで認めること

政府に与えられた処罰する「権利」のなかに死刑をする「権利」は含まれない

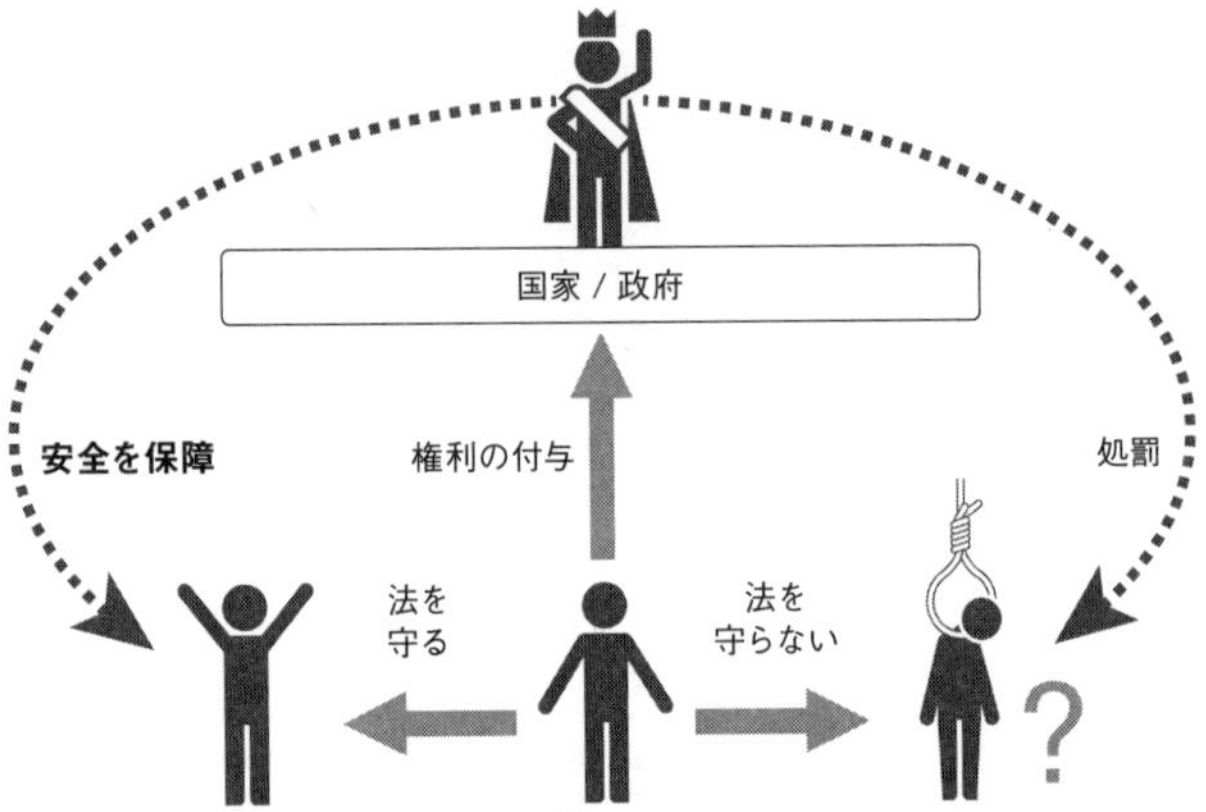

「権利」によって自分が殺されてしまうことを認めることは
「自分の身の安全を確保する」という当初の目的と矛盾する

は「自分の身の安全を確保する」という当初の目的と矛盾してしまうからです。

たしかに自力救済とは自分の力で自分の身を守ることです。しかしその自力救済が広くおこなわれている社会状態では、自分の力がおよばないと自分の身を滅ぼしてしまうかもしれません。復讐の応酬だって起こらないとはかぎりません。そんな不安定な状態を終わらせるためにこそ、人びとは自力救済の「権利」を放棄して、共通の政府を打ち立てて、その政府に「権利」を委ねたのでした。自分で自分の身を守ることはあまりにつらいから共通の政府を打ち立ててそれに守ってもらおう、ということです。自分の身の安全をより確かなものにするために近代国家を打ち立てた以上、自分が殺されてしまうかもしれない死刑制度をそこに認めることはそもそも近代国家成立の本来の目的に反することである――。こうベッカリーアは主張するのです。

こうしたベッカリーアの死刑廃止論はなかなか強力です。死刑制度は近代国家の本義に矛盾するといっているわけですから。では、このベッカリーアの死刑廃止論に対して死刑肯定派はどのように反論したのでしょうか。次回はそれをみていきましょう。

刑罰とは何か❷　死刑廃止論への批判

カント
『人倫の形而上学』
一七九七年

一八世紀ドイツの哲学者カントの晩年の著作。『道徳形而上学』とも。第一部「法論」では私法と公法の区分から生得的な権利と法、国家状態における法の哲学的基礎づけを試み、第二部「徳論」では人間の道徳や義務について体系的に論じる。

　前回はチェーザレ・ベッカリーアの死刑廃止論を検討しました。ベッカリーアは哲学の歴史のなかで、とりわけ近代以降の哲学の歴史のなかで、初めて正面から死刑に反対した哲学者です。ベッカリーアの死刑廃止論がでたことで、死刑に賛成する側もようやく哲学の問題として死刑を擁護するようになりました。それまでは死刑は当りまえの刑罰だったので、哲学の世界でも死刑についてそれほど踏み込んだ議論がなかったのです。
　そのベッカリーアの死刑廃止論に厳しく対峙したのは一八世紀ドイツの哲学者、イマヌエル・カントです。カントは死刑に賛成していました。カントは、他人を殺した人間はみずからの命によってその罪をつぐなうのでなければ正義は回復しない、と考えました。そこにあるのは、人間はみな自立した人格としての尊厳をもつ以上、正当な理由なく他人に損害をあたえた人間はそれと同等の損害を被ることで罰せられなくてはならない、という正義論です。こうした正義論から死刑を肯定するカントにとって、ベッカリーアの死刑廃止論は哲学的に見過ごすことのできないものだったのです。

では、カントはどのようにベッカリーアの死刑廃止論を批判したのでしょうか。次の引用文をみてみましょう。この箇所はベッカリーアの死刑廃止論への直接の批判として書かれた部分です。

> 或る人が刑罰をこうむるのは、彼が刑罰を欲したからではなくて、彼が或る処罰されて然るべき行為を欲したからである。というのは、もし或る人の身に彼の欲することが起こるのであれば、それは刑罰ではなく、また、罰せられることを欲するということは不可能であるからである。——もし私が誰かを殺害するならば、私は罰せられることを欲する、という言い方は、私は一切の残りの者たちと共々に、もし人民のなかに犯罪者がいるならば当然また刑罰法則ともなるであろう諸法則に服従する、ということ以上の何ごとをも意味しない。刑罰法則を定める共同立法者としての私が、同一人格でありながら、臣民として法則に従って処罰されるということは、到底不可能である。（略）それゆえ、もし私が或る犯罪法則を犯罪者としての私に対して作成する

とすれば、私のなかに純粋な法的・立法的理性（本体的人間 homo noumenon）があって、それが犯罪能力者としての、したがって或る他の人格（現象的人間 homo phaenomenon）としての私を、公民的統一に所属する一切の残りの者たちと共々に、その犯罪法則に服従させるわけである。

（吉澤傳三郎・尾田幸雄訳、理想社『カント全集第十一巻』）

カントはこの引用文の直前でベッカリーアの死刑廃止論について「彼の論拠は、根源的な公民的契約のうちには死刑は含まれえないというにあった」と要約しています。事実、ベッカリーアはこう論じていました。人びとが自分たちの安全を守るために政府を設立した以上、その政府の権利のなかに人びとの命を奪う死刑が含まれると考えることはできない、と。

こうしたベッカリーアの主張に対してカントは引用文の冒頭でこう述べています。「或る人が刑罰をこうむるのは、彼が刑罰を欲したからではなくて、彼が或る処罰されて然るべき行為を欲したからである」。どういうことでしょうか。

まず、ベッカリーアの立論には一つの前提が含まれているとカントは考えます。つまり、人びとは政府の設立にあたって自分の生命を失うことに同意することはありえない、という前提です。たしかにこの前提があるからこそ、人びとによって設立された政府は彼らの命を奪う権利をもたない、とベッカリーアは主張することができました。しかし、カントからすればこの前提は正しくありません。というのも、人びとが同意していなくては死刑がなりたたないのであれば、人びとは自分の嫌なことに同意することはありえないのだから、いかなる刑罰もなりたたないことになるからです。これが引用文の冒頭のことばに込められている考えです。人びとが同意した刑罰しか政府は下せないのならば、そもそもそれは刑罰にはならない、ということです。人びとが欲しない、嫌な目にあわせるのが刑罰なのですから。

　要するに、カントの批判のポイントは、ベッカリーアの立論では死刑だけでなくあらゆる刑罰がなりたたなくなってしまう、という点にあります。

　では、こうしたベッカリーアの立論に対してカントはどのような論拠で刑罰をなりたたせようとしたのでしょうか。ベッカリーアと同様、カントもまた社会契約説に立脚しています。したがって、カントにとってベッカリーアの死刑廃止論を批判することは、社会契約説の枠組みでどのように刑罰に根拠を与えるかという問題に直結しているのです。

　引用文の後半をみましょう。そこでカントは「刑罰法則を定める共同立法者としての私が、同一人格でありながら、臣民として法則に従って処罰されるということは、到底不可

国民（私）は「共同立法者」であると同時に「臣民」である

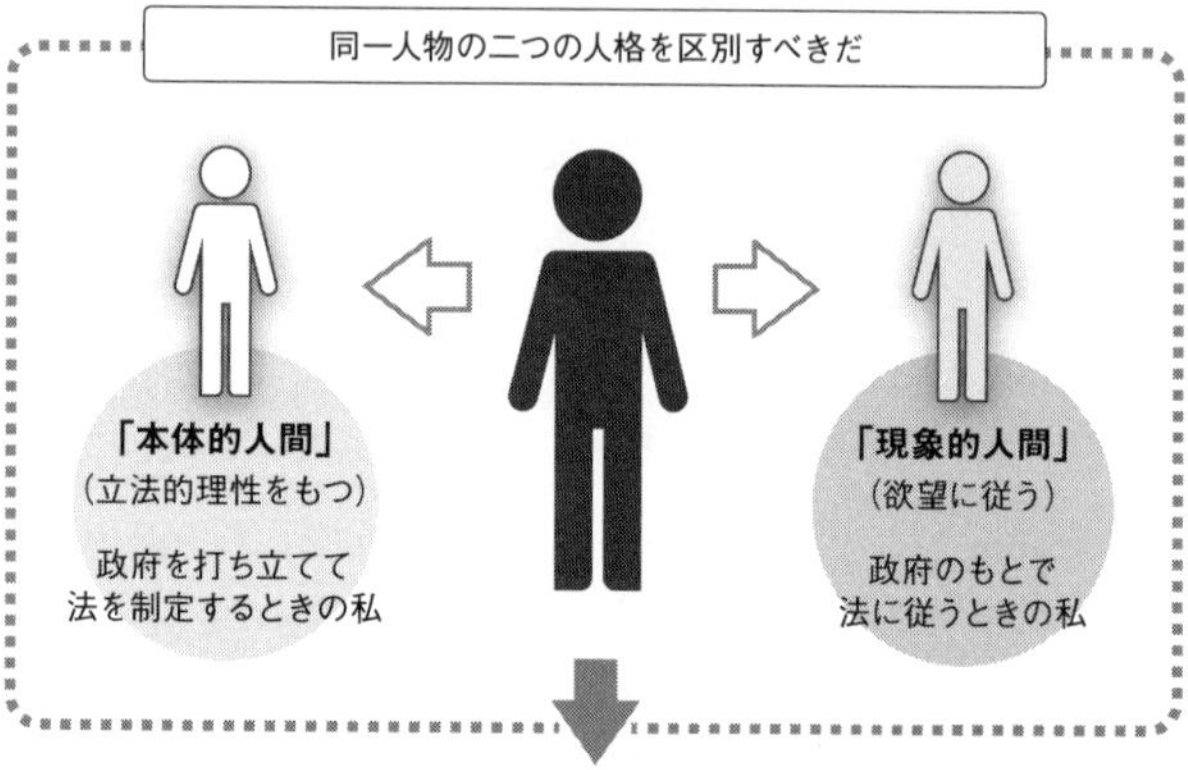

二つの人格を区別しないと、
刑罰は「私が私を罰するもの」になってしまう

能である」と述べています。たとえば、日本国民は日本国という国家の主権者として、国会に代表者をおくって法を制定する「共同立法者」です。国家の主権者であるということは、社会契約説的にいえば政府を打ち立てている主体である、ということです。と同時に、日本国民は（日本に住んでいるかぎり）自分たちが制定した法に従うべき「臣民」でもあります。国民は主権者として統治の主体であると同時に、自分たちが打ち立てた政府によって統治される客体でもある、ということです。

これら二つのレベルを人格的に区別すべきだ、というのがカントの主張です。たとえ同じ国民（私）であっても、政府を打ち立てて法を制定するときの私と、その政府のもとで法に従うときの私は――同一人物でありながら――別の水準にある、ということです。引用文にあるように、カントは前者の私を「（法的・立法的理性をもった）本体的人間」、後者の私を「現象的人間」と呼びました。これら二つの人格を区別しないと、刑罰は「私が私を罰するもの（国民が自分自身を罰するもの）」になってしまい、ベッカリーアのいうように死刑は「私が私の命を処分する」という不可能な構図におちいってしまう。社会契約説における刑罰は、立法的理性をもった「本体的人間」としての私が他のすべての者たちとともに、欲望にしたがう「現象的人間」としての私を法に服従させることとして理解されなくてはならない。こうカントは考えるのです。

刑罰とは何か❸　終身隷役刑

ベッカリーア『犯罪と刑罰』

これまで二回にわたって死刑の問題を考えてきました。一回目はチェーザレ・ベッカリーアの死刑廃止論を取り上げました。ベッカリーアはヨーロッパの哲学の歴史においてはじめて、近代的な刑法の理論として死刑廃止を主張した法哲学者です。二回目はイマヌエル・カントのベッカリーア批判を取り上げました。カントは死刑に賛成していました。他人の命を奪うような凶悪な犯罪に対して正義を実現するためには死刑は必要だ、という考えからです。そのカントがベッカリーアの死刑廃止論をどのように批判したのかを検討したのが、二回目にあたる前回でした。

今回はふたたびベッカリーアの『犯罪と刑罰』における死刑廃止論を取り上げましょう。ベッカリーアは社会契約説のロジックを応用して死刑制度を批判しました。カントもまたその社会契約説にもとづいて、そのロジックを解釈しなおすことでベッカリーアを批判しました。どちらも社会契約説という、同じ社会理論の土俵のうえで議論を展開していたのです。その議論は哲学史的にみてひじょうにエキサイティングで興味ぶかいものですが、じつはベッカリーアの死刑廃止論にはそうした社会契約説の文脈を離れてもひじょうに興味ぶかい論点が含まれています。今回取り上げたいのはその論点です。ベッカリーアはこう述べています。

あらゆる時代の歴史は経験として証明している。死刑は社会を侵害するつもりでいる悪人どもをその侵害からいささかもさまたげなかった。（略）

刑罰が正当であるためには、人々に犯罪を思い止まらせるに十分なだけの厳格さをもてばいいのだ。（略）

このようにして、死刑と置きかえられた終身隷役刑は、かたく犯罪を決意した人の心をひるがえさせるに十分なきびしさを持つのである。それどころか、死刑より確実な効果を生むものだとつけ加えたい。

人はしばしば、平静な断乎とした表情で死に向う。ある者は狂熱のため、ある者は墓のむこうがわまでわれわれについてまわるあの虚栄心のために。そしてある者は生活に疲れ、絶望して、悲惨な境遇から逃避する手段として死を見るために。

だが、この狂熱も虚栄も、鉄格子の中、おう打の下、くさりの間では罪人どもを見すてて行ってしまう。絶望も彼らの悲惨状態を終らせる役にはたたず、かえってそれを始まらせるのだ。

（前掲書）

なぜベッカリーアは死刑制度を批判したのでしょうか。その理由は、一言でいえば、死刑は凶悪な犯罪をおしとどめる効果をもっていないから、というものです。現代的な表現をもちいるなら、死刑には大して犯罪抑止力がないから、ということですね。右の引用文のなかでベッカリーアはこう述べています。「死刑は社会を侵害するつもりでいる悪人どもをその侵害からいささかもさまたげなかった」。

現代の日本では、死刑制度を廃止したら凶悪な犯罪が増えるのではないか、と心配する人は少なくありません。二〇一九年一一月に内閣府がおこなった死刑制度に関する世論調査でも、死刑を廃止したら凶悪犯罪が「増える」と回答した人は、全体の五八・三％にのぼりました。

とはいえ、死刑に犯罪抑止効果があるということは厳密な仕方では証明されていないのが実情です。死刑を廃止した国で、廃止後に凶悪犯罪が有意に増えた、というデータがあまりないのと、そもそも犯罪発生率には経済状況や公衆衛生の状況、検挙率など、さまざまな要因が作用するので、死刑制度の抑止効果だけをとりだして計測することが難しい、というのがその理由です。

ですので、ベッカリーアの主張も、実際に死刑制度には犯罪抑止力がどれくらいあるかという問題とは別の次元で解釈されなくてはなりません。ベッカリーアが注目するのは、死刑制度があっても実際には社会を侵害する凶悪な犯罪はなされてきた、という歴史的事実です。要するにベッカリーアは、凶悪犯罪を思い止まらせるには死刑はまだまだ手ぬるい、と主張しているのです。その手ぬるい死刑の代わりにベッカリーアが提案するのが、引用文にある「終身隷役刑」という刑罰です。現代風にいいかえれば「過酷な懲役のある終身刑」ということになるでしょう（現代ではさすがに拷問などはできませんので「隷役」という言葉をそのままつかうことはできません）。これは日本でいう「無期懲役刑」とは異なります。無期懲役刑には仮釈放の可能性が（ひじょうに小さいですが）あるからです。つまり、ベッカリーアのいう「終身隷役刑」とは、死ぬまで刑務所からでられず過酷な懲役を科せられる刑罰、のことです。

ベッカリーアはこの「終身隷役刑」のほうが死刑よりも犯罪を思い止まらせる「きびしさ」をもつと主張します。もちろん、繰り返しになりますが、この犯罪を思い止まらせる「きびしさ」とは、統計的な意味での犯罪抑止力ではありません。刑罰としての「きびしさ」ということです。

たとえば、死刑になりたかったから（もしくは死んだほうがラクだから）、という動機で凶悪犯罪におよんだ犯罪者に対して死刑はどこまで力をもつでしょうか。事実として、現代の日本だけをみても、そうした凶悪犯罪は決して少なくありません。八人の児童を殺害した池田小事件、九人を殺傷した土浦連続殺傷事件など、枚挙にいとまがありません。「死刑は責任でも償いでも罰ですらなく、つらい生活から逃がしてくれるだけです」と手記を残した死刑囚もいました。死刑になりたかったから、という動機をもった凶悪犯罪者たちに対して、死刑は刑罰として無力なだけでなく、（死刑になるための）凶悪犯罪を誘発してしまったという点でも無力です。ベッカリーアの「終身隷役刑」の主張はまさにその死刑の無力さに向けられたものなのです。

一般に死刑廃止論は、犯罪者の人権を重視した寛大な「赦し」の思想として主張されます。しかし、それではいつまでたっても死刑廃止論は人びとの処罰感情と対立したままです。哲学の歴史のなかではじめて正面から死刑廃止を主張したベッカリーアの議論は、そうした「赦し」の思想とはまったく別のものでした。そのこと自体、死刑の問題を考えるうえで決して見逃してはならない点です。

自由と平和

自由と平和❶　他者危害原理

ミル
『自由論』
一八五九年

一九世紀イギリスの哲学者ジョン・スチュアート・ミル（一八〇六〜七三）が著したリベラリズムの古典的名著。個人の自由に対して社会はどこまで制限や干渉をなすことができるかという問いに、他者危害原理を定式化することで答えた。

　自由、とは私たちの社会におけるもっとも基本的な価値の一つです。「リベラリズム」（自由主義、自由の原理）という言葉をあえてつかうことはないかもしれませんが、たとえば東京一極集中を避けるために東京での居住が政府によって制限されるようなことになれば、多くの人は「どこに住もうが各人の勝手だ」と異議を唱えるでしょう。少子化を防ぐために結婚と出産を義務化する法律ができたら、同じように多くの人は「結婚しようがしまいが、子どもをつくろうがつくらなかろうが、それは個人の自由だ」と反発するでしょう。それだけ自由の原理は私たちの社会に深く根を下ろしているということです。他人に迷惑をかけなければ何をするのも個人の自由である——こうしたリベラリズムの考えが私たちの社会の基本的な原理になっているのです。

哲学史のなかでその自由の原理を明確に定式化したのは、一八五九年に発表されたジョン・スチュアート・ミルの『自由論』です。その定式化によってこの本は近代リベラリズムの古典として位置づけられています。次の引用文はまさにその自由の原理を定式化している箇所で、『自由論』のもっとも有名なくだりです。

本書の目的は、きわめてシンプルな原理を明示することにある。社会が個人に干渉する場合、その手段が法律による刑罰という物理的な力であれ、世論という心理的な圧迫であれ、とにかく強制と統制のかたちでかかわるときに、そのかかわり方の当否を絶対的に左右するひとつの原理があることを示したい。

その原理とは、人間が個人としてであれ集団としてであれ、ほかの人間の行動の自由に干渉するのが正当化されるのは、自衛のためである場合に限られるということである。文明社会では、相手の意に反する力の行使が正当化されるのは、ほかのひとびとに危害が及ぶのを防ぐためである場合に限られる。（斉藤悦則訳、光文社古典新訳文庫）

ここでミルが述べているのは、他人に危害が及ぶときにかぎり、社会（この場合は政府と考えていいでしょう）は各人の自由を制限することができる、ということです。逆にいえば、他人に何らかの実害をあたえないかぎり各人は何をしても自由だ、ということです。政府はその自由に決して干渉してはならない、と。

これを他者危害原理といいます。ミルはその原理こそ文明社会の（すなわち近代以降の社会の）原理であるべきと述べています。現代の私たちにとっても、この原理にはまったく違和感がありませんよね。それだけリベラリズムは現代社会において根源的な原理となっているということです。

ここではしかし、その自由の原理の可能性ではなく、限界について考えてみたいと思います。

他者危害原理をめぐっては、どこで線を引くかという問題がつねにつきまといます。たとえば麻薬を常用している人がいたとします。ミルの原理にもとづけば、本人の自由意思で他人に迷惑をかけることなく麻薬をやっているのならば、結果的にそれで自分の身を滅ぼすことになろうとそれを禁止する理由はなく、自由にやらせるべきだということも帰結します。しかし、それによって社会が荒廃したり、社会の生産性が著しく低下したりすることを他者への実害だと考えて、禁止すべきだと主張する立場もありえます。駅のホームから転落するという事故の六割が酔っ払いによるものだという現状をみて、飲酒も他人に迷惑をかけているのだから禁止しろ、と主張する人もいるかもしれません。

他者危害原理

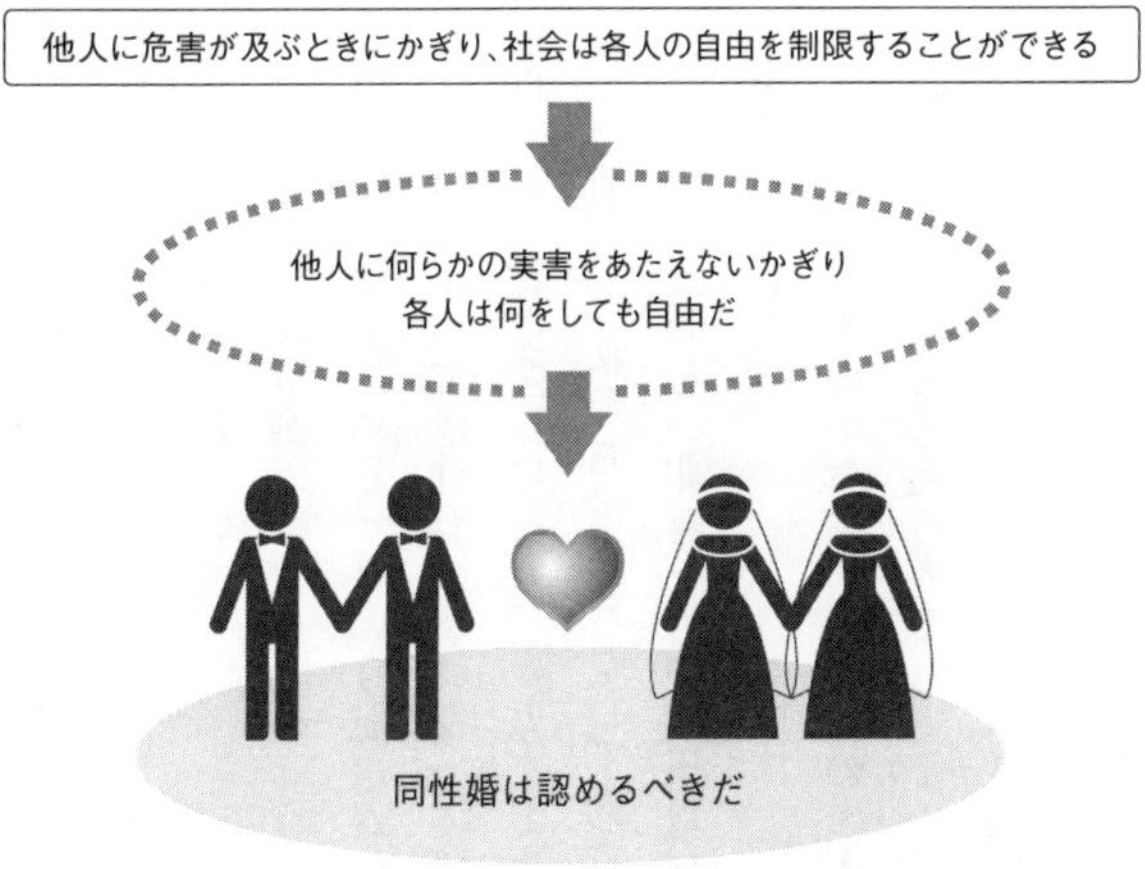

こういった線引きの問題はたしかに難しい問題です。しかし、線引きが難しいからといって、他者危害原理そのものが間違っているということにはなりません。逆に、他者危害原理は有効だからこそ、さまざまな事例に適用され、線引きが難しくなるともいえます。線引きの難しさと、リベラリズムの原理が有効かどうかという問題は、分けて考えなくてはなりません。

では、リベラリズムの原理が限界にぶちあたるのはどういうときでしょうか。ここでは結婚の問題を取り上げましょう。二〇一二年のアメリカ大統領選挙の際、再選をめざしていたオバマ大統領(当時)は同性愛者同士の結婚を認めるべきだと明言しました。同性婚については、成人した人間が自分たちの自由意思で、誰にも迷惑をかけることなくおこなうものである以上、認めるべきだと考える人が多くいます。リベラルな人ほどそうでしょう。事実、世界的にみても、ヨーロッパの多くの国では同性婚がすでに認められています。

では、次のような事例ではどうでしょうか。かつて朝日新聞に「父娘が恋愛、女児誕生テレビ出演で理解を求める」という記事が掲載されました。オーストラリアで、娘が一歳のときに離婚によって離れたままになっていた父と娘が、実の親子だと気づかずに三〇年ぶりに再会し、恋愛関係になり、女児まで生まれてしまったという記事です。二人はテレビ番組に出演し、「私たちは成人として同意して関係を持った」などと理解を求めましたが、視聴者からは激しい非難を浴び、州裁判所からも性交渉禁止と三年間の保護観察処分の命令をうけました。

リベラリズムの原理からすれば、この二人にも結婚を認めていいはずです。しかし、同性婚を認めるべきだと考える人でも、この場合は結婚を認めることはできないと考える人は少なくないでしょう。つまり、この事例に対してはリベラリズムの原理は通用しないのです。

このことは、私たちの社会にはリベラリズムの原理よりもさらに深いところで作用する何らかの道徳的な規範がある、ということを示しています。リベラリズムはその規範が認める範囲でのみ機能するのです。自由な社会を構想するためには、リベラリズムの原理をもちだすだけでは不十分であり、さらにその根底にある道徳規範を思考するのでなくてはならないのです。

自由と平和❷　平和連合

カント
『永遠平和のために』
一七九五年

一八世紀ドイツの哲学者イマヌエル・カントが世界平和を恒久的に実現する可能性と方法を考察した名著。そこで示された平和連合の構想は、その後、二〇世紀における国際連盟の設立にも影響をあたえた。

戦争を根絶し、恒久的な平和をどのようにつくりだすか。一八世紀ドイツの哲学者、イマヌエル・カントは『永遠平和のために』のなかでこの問いに正面からとりくみました。カントの答えは明快です。諸国家が連合して「平和連合」をつくり、戦争が起こらないようにそのもとで協力しながら国際秩序を維持すべきだ、というものです。現在の国際連合のような組織体をつくれ、という提案ですね。事実、カントのこの構想は第一次世界大戦後に設立された国際連盟に大きな思想的影響をあたえました。

ここでのポイントは、カントはすべての国家を統合する〝世界国家〟をつくるべきだとは提案しなかった、ということです。次の引用文のなかでカントはそのことを明確に述べています。つまり、世界的な国家権力を樹立するのではなく、あくまでも諸国家が併存している状態で連合体をつくり、そのもとで戦争を抑止し、平和を実現していこう、ということです。

以上に述べた諸理由から、平和連合（foedus pacificum）とでも名づけることができる特殊な連合が存在しなければならないが、これは平和条約（pactum pacis）とは別で、両者の区別は、後者がたんに一つの戦争の終結をめざすのに対して、前者はすべての戦争が永遠に終結するのをめざすことにある、と言えよう。この連合が求めるのは、なんらかの国家権力を手に入れることではなくて、もっぱらある国家そのもののための自由と、それと連合したほかの諸国家の自由とを維持し、保障することであって、しかも諸国家はそれだからといって、（自然状態にある人間のように）公法や公法の下での強制に服従する必要はないのである。

（宇都宮芳明訳、岩波文庫）

もしかしたら読者のなかには、戦争を根絶するためには世界国家を樹立したほうがいいのではないか、と考える人もいるかもしれません。たしかに世界政府が設立されて世界がひとつの〝国〟になれば、個々の国家は消滅しますから、国家同士の武力衝突である戦争はなくなるでしょう。たとえ世界国家のもとでいろいろな集団同士の武力衝突が起こったとしても、それはもはや〝戦争〟ではなく、世界政府によって取り締まられるべき〝犯罪〟となるのです。世界国家ができても世界から武力紛争そのものがなくなることはないでしょうが、少なくとも〝国家同士の武力衝突である戦争〟は――世界全体がひとつの国家になるわけですから――理論的にはなくせるでしょう。

しかし、カントは世界国家を樹立すべきとは考えませんでした。なぜでしょうか。

その理由は、世界国家ができてしまうと、それまではどんな小さな国家でも独立国家である以上はもっていた自己決定権（つまり主権）が剥奪されてしまうから、というものです。

たとえば現在の国際連合では、どんな小さな国家でも一票の投票権をもっています。大国か小国かにかかわらず、そこでは形式的にせよ平等に権利が認められています。これは言い換えるなら、自分の国のことは自分の国で決める権利がどの国においても平等に認められているということです。もちろん実際には大国の思惑に小国が振り回されることもしばしばです。が、その場合でも「小国が自分たちで決定した」という体裁をとらないと、それは不当な内政干渉として問題視されてしまいます。その程度にはどの国家にも自己決定権が認められているのです。

こうした自己決定権はしかし、世界国家が成立すると無効化されてしまいます。たとえば世界国家ができたとして、そのもとで日本列島の住民が「われわれはもう世界政府の決定には従いたくない、自分たちの税金は自分たちで使いたい」と主張しても、世界政府は「われわれの決定に従え」と強要してくるでしょう。そこでは主権国家はもう存在しない以上、内政不干渉の原則もなくなりますから、世界政府は日本社会に際限なく干渉することだってできるでしょう。ちょうどいまの日本国のもとで東京都の住民が「われわれ都民が支払った税金はわれわれ都民のために使いたい、地方交付税交付金をつうじて地方にもっていかれたくない」と主張しても、日本政府がそれを認めないのと同じようになるのです。

　要するに、世界国家を樹立することは、大国が小国を際限なく支配することと実質的に変わらなくなってしまうのです。具体的には、超金持ちや超エリートなどの世界的エスタブリッシュメントが世界政府を動かし、自分たちの価値観と利益を世界中の人びとに押し通すことになるでしょう。カントが〝世界政府〟ではなく〝諸国家のもとでの平和連合〟を提唱したのは、そうした事態を避けるためなのです。

　もちろんカントのこの考えに対しては、「平和連合によって本当に戦争を抑止できるのか、国際連盟だって結局のところ第二次世界大戦を防げなかったではないか」と批判することは可能です。ただ、その点でいえば、世界国家のもとでも武力衝突そのものがなくなるわけではありません。そこではたしかに〝国家同士の武力衝突としての戦争〟はなくなるかもしれませんが、それはあくまでも個々の国家という単位が消えてしまったために戦争という概念が定義上なくなっただけの話です。

さらにいえば、世界国家の樹立のためには、「そこに統合されたくない、主権を保持していたい」と考える諸国家を強制的に世界国家に組み込まなくてはなりません。そのときに、もしそれらの国家が実力行使によって世界国家への統合に抵抗すれば、最終的にはそれはそれらの国家と世界政府をめざすグループとのあいだの戦争にならざるをえません。つまり、戦争を根絶するはずの世界国家を樹立するために戦争をくりかえさなくてはならなくなるのです。戦争を抑止するために戦争するという矛盾を、世界国家は不可避的にはらむことになるのです。

資本主義とは何か

資本主義と国家(1)

ドゥルーズ、ガタリ
『千のプラトー』
一九八〇年

フランスの哲学者ジル・ドゥルーズと、精神分析家フェリックス・ガタリが、高度資本主義社会において複雑に入り組んだ人類の営みを新たなコンセプトで読み解いた、フランス現代哲学を代表する大著。

ここでは資本主義と国家の関係について考えましょう。

資本主義と国家の関係についてよくいわれるのは、「資本主義と国家は対立する」ということです。たとえば「グローバリゼーションがこのまま進めば、国家の壁はますます低くなり、やがて国家は消滅していくだろう」といわれることがありますよね。そこで前提とされているのは、「資本主義が発達することで国家の役割はどんどん小さくなっていく」という発想です。

規制緩和が主張されるときも、同じような発想がみられます。たしかに、社会を見渡してみると、経済発展のためには撤廃したほうがよさそうな規制も少なくありません。とはいえ、規制緩和の主張はそこにとどまらず、しばしば「国家は市場に介入すべきではない」という主張にまで拡大されることがあります。二〇〇八年にアメリカで金融危機がおこる以前、バブル経済に沸き立つアメリカの金融界からさかんにいわれていたのも、まさにそうした「反国家的な」主張でした。資本主義経済にとって国家は邪魔なだけだ、という発想がそこにはあります。

こうした「資本主義と国家は対立する」という見方に対してドゥルーズとガタリは正面から反対します。引用文をみてみましょう。

だから資本主義とともに国家が廃絶されるわけではなく、国家は形態を変え、新しい意味を担うようになる。それは国家を超える世界的公理系の実現モデルにほかならない。だが超えるとは、国家なしですませるという意味では決してない。

（宇野邦一・豊崎光一ほか訳、河出文庫）

ドゥルーズとガタリはここで「資本主義とともに国家が廃絶されるわけではない」と明確に述べています。資本主義と国家は対立するのではないということです。そうではなく、資本主義の成立によって国家は新しい役割（引用文では「新しい意味」）を担うようになる。そうドゥルーズ＝ガタリは述べています。

では、その新しい役割とは何でしょうか。引用文では「国家を超える世界的公理系の実現モデル」であると説明されています。しかし、これだけでは何のことかさっぱりわかりません。

まず、「国家を超える世界的公理系」とは資本主義のことです。ドゥルーズとガタリは資本主義を「世界的公理系」として定義しています。「公理系」というのは論理学や数学の専門用語で、ある体系（システム）の前提となっている公理（仮定）の集まり、のことです。ただ、ここでは論理学的もしくは数学的な深い意味が込められているわけではありませんので、その点で悩む必要はありません。それよりも、ここではドゥルーズとガタリがなぜ「公理系」という概念をつかって資本主義を考えようとしたか、ということの方が重要です。なぜ「公理系」なのかといえば、彼らのみるところ、資本主義という経済「システム」はいくつかの「公理（仮定、決まり）」を前提にしてなりたっているからです。

では、どんな「公理（仮定、決まり）」を前提として資本主義はなりたっているのでしょうか。ドゥルーズとガタリがその「公理」としてとくに重視するのは、「抽象的で変換可能な権利の私有」（『千のプラトー』）というものです。

これもそのままではよくわからない概念ですね。お金を考えましょう。たとえばあなたが一万円札をもっていたとします。あなたはそれを飲み代につかってもいいし、本代とし

「抽象的で変換可能な権利の私有」とは?

てつかってもいいし、旅行代につかうこともできます。一万円と値段がついているものなら何にでも交換することができるわけですね。つまり、一万円をもっているということは、一万円分のモノやサービスを買う（手に入れる）だけの「権利」をもっている、ということです。一万円札はそれだけをみればきれいに印刷された紙でしかなく、とくにモノとしての具体的な使用価値があるわけではありません。にもかかわらず、みんながそれを欲しがり、大事にするのは、その金額の分だけ何にでも交換できる「権利」がそこに認められているからです。お金をもつということは、そうした「何にでも交換できる抽象的な権利」を所有す

る、ということです。これが「抽象的で変換可能な権利の私有」ということの意味です。

資本主義という経済システムにおいては、その「抽象的で変換可能な権利の私有」を基礎として（つまり「公理」として）あらゆる経済活動がなりたっています。資本主義社会で利潤を追求しようとすれば、その「権利」をつかって（つまり投資して）その「権利」（つまりお金）を増やすというかたちになるのです。

ポイントは、資本主義経済においては所有（私有）とは単なるモノを所有することではなくなり、「権利」を所有することになる、という点です。資本主義社会以前の、たとえば封建制社会では、所有とは君主と領主、領主と農民との主従関係のもとで具体的なモノ（土地など）を所有することでした。それが資本主義社会になると、抽象的な権利を所有することへと変化するのです。所有している土地を証券化して資金を集めてビジネスをおこなう、などということができるのも、所有権の対象が「モノ」から「権利」へと抽象化されているからこそです。そうした抽象的な権利の私有（所有）のもとで経済が回っている、ということが、資本主義が公理系であるということの意味です。

次回も引き続き資本主義と国家の関係を考えていきましょう。

資本主義とは何か❷　資本主義と国家(2)

ドゥルーズ、ガタリ『千のプラトー』

引き続きドゥルーズとガタリの議論を援用しながら資本主義と国家の関係について考えていきましょう。

まず、あらためて確認しておきたいのは、先の引用文にある「資本主義とともに国家が廃絶されるわけではない」という点です。ドゥルーズとガタリは、国家と資本主義は対立するという考えを明確に否定します。たとえ資本主義がグローバリゼーションなどによって国家を超えて発展していくようにみえたとしても、それは資本主義が「国家なしですませるという意味では決してない」。資本主義と国家は密接に結びついており、資本主義はどこまでいっても国家を必要とする、ということです。

なぜでしょうか。引用文では「世界公理系の実現モデル」を国家が担うからだと述べられています。「世界公理系」というのは前回説明したとおり資本主義のことです。その資本主義が現実になりたつときのモデル（実現モデル）を国家は担っている。だからこそ資本主義にとって国家はどこまでいっても必要不可欠なものである、ということです。

では、国家が資本主義の「実現モデル」である、とはどういうことでしょうか。

まずは、なぜ資本主義が「世界公理系」と呼ばれるのかをおさらいしておきましょう。資本主義がそう呼ばれるのは、資本主義がどんなものにでも変換されうる抽象的な権利（お金を想定しましょう）を私有（所有）することを基礎的なルール（公理）としてなりたっているからでした。資本主義のもとでは、各人や各法人はみずから所有する権利（つまりお金）をつかってモノを売買するだけでなく、それをつかって投資をし、利益を追求します。これを資本の自己増殖などといいます。それが世界共通の基礎ルールになっているからこそ、資本主義は「世界公理系」と呼ばれるのです。

では、そうした私有制は何によって保障されているのでしょうか。もちろんそれは国家によって、です。たとえば窃盗や強盗があれば、それは「所有権の侵害」として警察によって取り締まられます。国家は、警察という強制力をもった機関の活動をつうじて、資本主義の基礎ルールになっている私有制を保障しているのです。それだけではありません。さらに国家は、不動産の登記などをつうじて土地や建物が誰の所有なのかを法的に確定しています。私たちはその登記をもとにして銀行などからお金を借りて、それを投資に回すこともできます。つまり、国家は所有権を法的に確定することによっても私有制を保障し、資本主義のもとでの経済活動を支えているのです。

これが、資本主義の「実現モデル」を国家が担っている、ということの最初の意味です。所有権はいとも簡単に強奪や詐欺などによって侵害されてしまうので、所有権のもとでの経済活動が営まれるためには、それを保障する何らかの機関が不可欠です。その機関は各人・各法人の所有権を法的に確定し、いざというときにはそれを保護するために強制力を行使するわけですから、法の名のもとで強制力を行使する機関であるほかありません。そこに国家が資本主義にとってなくてはならない理由があるのです。

とはいえ、それだけではありません。国家が世界公理系の「実現モデル」を担っているということの意味はほかにもあります。それは徴税をもとにした財政政策にかかわっています。

まず、徴税というのは強制的にお金を取り立てるということです。私たちには税を支払わない自由はありません。その強制的な徴税を社会のなかで合法的におこなえるのは国家だけです。

その徴税という活動は資本主義にとって不可欠な要素となっています。たとえばリーマン・ショックに端を発した二〇〇八年の金融危機の際、あれほど「国家は市場に口出しするな」といっていたアメリカの金融機関を救済するために、アメリカ政府から莫大な公的資金がそこに注入されました。金融危機というのは市場における信用の危機です。そうしたときに唯一、市場に信用を供給できるのは国家だけなのです。なぜなら国家は徴税という、市場の原理とは別の原理によってお金を調達できるからです。そうした「市場の外でお金を調達できる存在」がなければ、市場はそもそもすぐに機能不全に陥ってしまいます。その点で、資本主義にとって国家はなくてはならない存在なのです。

さらに国家は財政支出をつうじて資本主義を支えています。たとえば現在の日本では、政府の税収（一般会計）は六九兆円ほどしかないのに一〇一兆円もの支出をしています。つまり日本政府は毎年借金をして財政支出をしています。なぜ日本政府は民間企業ならとっくに倒産しているほどの金額を借金できるのかといえば、政府の財源が市場の原理とは異なる徴税の仕組みによって支えられているからです。もし政府が借金をしない範囲でしか財政支出をおこなわなければどうなるでしょうか。その分、日本のＧＤＰは縮小します。ＧＤＰが縮小するということは日本経済全体が縮小するということですから、それがつづけば資本の拡大再生産をめざす資本主義は全体としてなりたたなくなってしまいます。つまり日本政府は日本経済が縮小しないように、徴税権のもとで借金をしつづけてでも財政支出をすることで、資本主義をなりたたせているのです。この点でも、国家は資本主義にとってなくてはならないものなのです。

歴史とは何か

歴史とは何か❶

歴史の発展過程

ヘーゲル

『歴史哲学講義』

一八三七年

ドイツの哲学者ヘーゲルが人類の歴史を貫く原理を追究した晩年の講義録。歴史とは世界精神の理性的・必然的な歩みであり、自由の理念の不可避的な拡張であるとの歴史把握は、後続のマルクスらに影響を及ぼした。

人類の歴史はどこまでさかのぼることができるでしょうか。たとえば人類が農耕を始め、それにともない定住生活に入っていったのはだいたい一万年前のことです。それから現代までのあいだ、人類は文明を発達させ、歴史をつむいできました。その歴史の過程で獲得してきたさまざまな技術や社会制度によって、現代の人類は農耕を始めた時代にはまったく考えられなかったほど豊かで文化的な生活を享受しています。

そうした人類の歴史を全体として眺めたとき、そこにはどのような原理がみいだされるでしょうか。言い換えるなら、人類の歴史はどのような原理のもとで発展してきたのでしょうか。一九世紀初頭にドイツで活躍した哲学者、ヘーゲルは『歴史哲学講義』のなかでそれを明らかにしようとしました。

ヘーゲルは人類の歴史を、人類が自由を獲得してきた過程であると考えました。ヘーゲルのいう自由とは、みずからがしたがうべき社会的ルールをみずから決定できるという自己決定権としての自由です。他人に迷惑をかけなければ何をしてもいい、という意味での自由とは意味が少し異なるので注意しましょう。ヘーゲルは、その自己決定権としての自由を人類が求めることこそ歴史の原動力であり、より多くの人びとがその自由を手にしていくことが歴史の発展だと考えたのです。

たとえば現代の日本では憲法で国民主権の原理が掲げられています。これはヘーゲルの観点からいえば、日本国民は——みずからしたがうべき社会的ルールをみずから決定できるという——自己決定権としての自由をもつということです。日本国民は、少なくとも憲法上の原理では、国内外のいかなる勢力にもしたがうことなく、みずからについての決定をおこなう自由をもつのです。

もちろんこうした状態は歴史のはじめから成立していたわけではありません。近代以前の日本社会では、そもそも主権と呼べるような決定権をもっていたのは将軍のような統治権力のトップだけでした。また近代以降の歴史にかぎっても、現在のような国民主権の原理が日本に確立されるまでには長い年月がかかりました。

まず、明治維新から最初の国会議員選挙がおこなわれるまでに二〇年以上もの年月が経っています（明治二三年、第一回衆議院議員総選挙）。このときは選挙権も、直接国税を一五円以上納めている満二五歳以上の男子に限られました。その後、選挙権に必要な納税額の規定は少しずつ下げられていきますが、その規定そのものが撤廃されるには大正一四年（一九二五年）に成立した普通選挙制を待たなくてはなりませんでした。ただしこのときでも選挙権は男子に限られていました。それが女子にも認められるようになったのは、ようやく第二次世界大戦が終わって以降（一九四五年）のことです。

こうした選挙権の拡大の歴史とは、自己決定権としての自由をより多くの人が手にしていく歴史過程であり、まさにヘーゲルの考える歴史の発展過程にほかなりません。

注意しておきたいのは、こうした歴史過程は不可逆的なものだということです。一度拡大された選挙権を人びとから取り上げたり、かつての範囲に縮小したりすることはほぼ不可能です。日本でも自由民権運動から女性参政権を求める運動まで、選挙権の拡大をめぐって熱心な政治運動が繰り広げられてきました。その流れに逆行して選挙権を縮小することは――たとえ強力な政治権力をもってしても――きわめて困難です。

つまり、人類の歴史においてはいったん自由が拡張されるとなかなかそれ以前には後戻りできないのです。その不可逆性こそが歴史の発展にほかなりません。そして、その不可逆性を求める情熱こそ歴史の原動力だとヘーゲルは考えたのです。

問題は、そうした歴史の過程には近代ヨーロッパという終着点があるとヘーゲルが考えたことです。すなわち、近代民主主義という政治体制を発明し、定着させた近代ヨーロッパこそ、自由の拡大に邁進する人類の歴史の最終到達点だということです。ヘーゲルは次のように述べています。

> **世界史は東から西へとむかいます。ヨーロッパは文句なく世界史のおわりであり、アジアははじまりなのですから。（略）世界史は野放図な自然のままの意思を訓練して、普遍的で主体的な自由へといたらしめる過程です。東洋は過去から現在にいたるまで、ひとりが自由であることを認識するにすぎず、ギリシャとローマの世界は特定の人びとが自由だと認識し、ゲルマン世界は万人が自由であることを認識します。**
>
> **（長谷川宏訳、岩波文庫）**

引用文をみてみましょう。「ヨーロッパは文句なく世界史のおわり」だとヘーゲルは述べています。反対に「アジアは（世界史の）はじまり」だといわれています。なぜアジアが世界史のはじまりなのかというと、黄河文明やインダス文明、メソポタミア文明など、古代文明はすべてアジア地域から起こっているからです（エジプトもこの場合はオリエント

世界史は東から西へとむかう

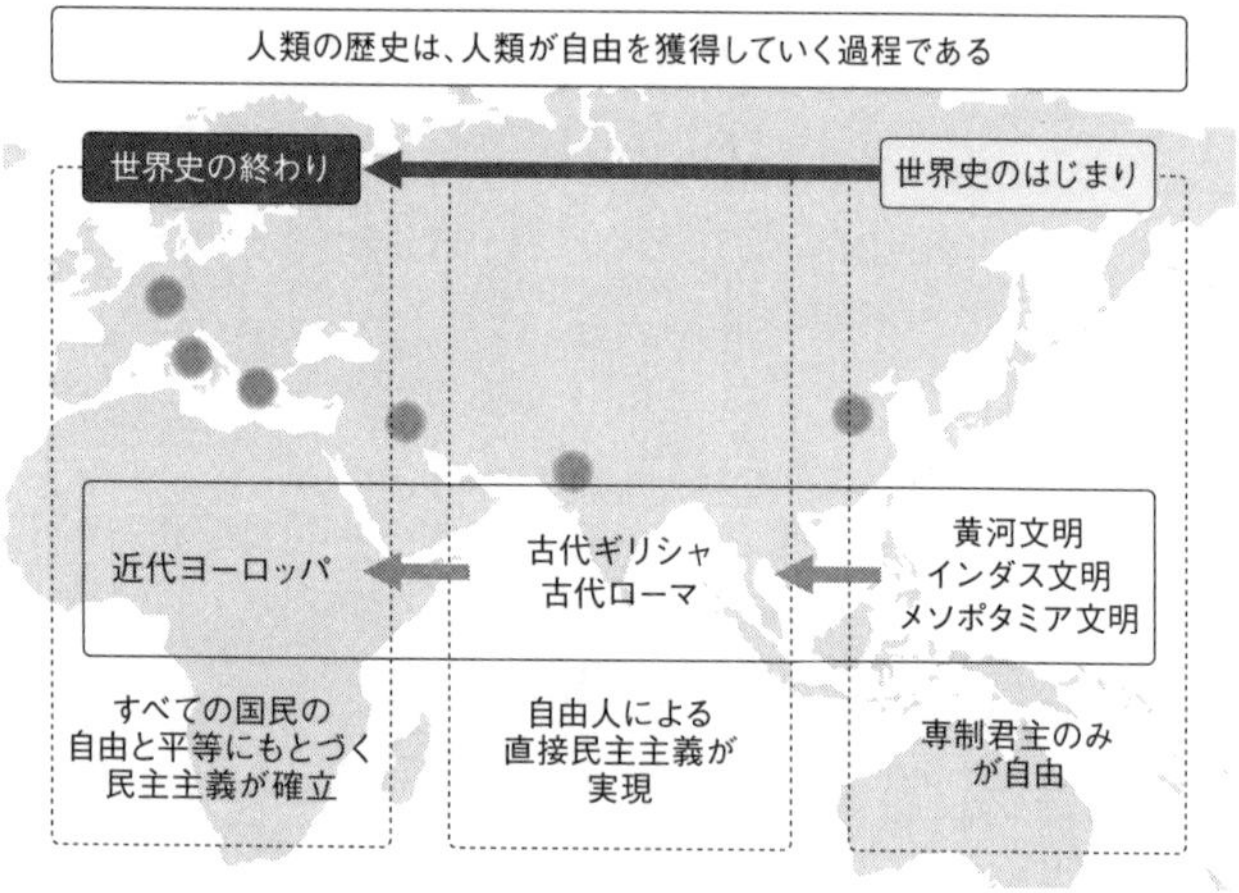

＝東方としてアジアに含められています）。しかしそこではけっして自由は拡大することはなく、ただ支配者たる専制君主のみが自由であっただけでした。

その後、アジアの文明を引き継ぎ、自由を拡大したのは古代ギリシャと古代ローマでした。そこでは自由人による直接民主主義が実現したからです。ただし奴隷もいたため、「特定の人々」のみが自由だったと言われています。

その自由が全面的に開花するためには近代ヨーロッパまで待たなくてはなりません。すべての国民の自由と平等にもとづく民主主義を確立したヨーロッパはヘーゲルにとって世界史のゴールとなるべき地域でした。それが「ゲルマン世界」といわれているのは、ドイツ人であるヘーゲルの愛国心からでしょう。引用文の冒頭には「世界史は東から西へとむかいます」という、ヘーゲルの歴史哲学のなかでもとりわけ有名な言葉があります。それは、アジアで生まれた古代文明から近代ヨーロッパ文明へといたる、以上のような自由の発展過程を指しています。

こうしたヘーゲルの歴史哲学は、しかし、世界のなかでもっとも進んでいるのはヨーロッパである、というヨーロッパ中心主義的な世界観にもなります。他の地域はヨーロッパを模範とすべきであり、近代民主主義の実現のためにはヨーロッパからの干渉を受けても仕方がない、という考えすらでてきかねません。この点でいえば、自由と民主主義を広めるために他国に軍事介入することもいとわないと考えるアメリカの一部の政治家たちはまさにヘーゲル主義を実践しています。ヘーゲルの哲学が批判されるのも、多くはこうした文脈においてです。

とはいえ、ヘーゲルの歴史哲学を根底から批判することは容易ではありません。なぜなら私たち自身、アジアやアフリカなどの地域で女性が女子割礼をされたり、学校にいくことを禁止されたり、婚前交渉や不倫で処刑されたりするのをみて「野蛮」だと考えてしまうことがしばしばあるからです。アメリカの軍事介入は批判できても、近代民主主義の原理のもとで世界のあらゆる地域に自由が拡大することを否定することは難しいのです。

歴史とは何か❷　平滑空間と条理空間

ドゥルーズ、ガタリ

『千のプラトー』

一九八〇年

フランスの哲学者ジル・ドゥルーズと、精神分析家フェリックス・ガタリが、高度資本主義社会において複雑に入り組んだ人類の営みを新たなコンセプトで読み解いた、フランス現代哲学を代表する大著。

もともと地球上にはいかなる境界線もありませんでした。国と国を分ける国境線も、所有地を区分する境界線も、すべて人間が引いたものです。逆にいえば、国家を設立したり所有権を確定したりすることは、空間に境界線を引くことにほかなりません。

　このように境界線によって区画された空間のことを、現代フランスの哲学者、ジル・ドゥルーズとフェリックス・ガタリは「条理空間」と呼びました。国境によって区切られた領土も、境界線によって区分された私有地も、また道路や港湾として区画され整備された土地も、すべて条理空間です。

　これに対して、いまだ境界線によって区画されていない空間のことをドゥルーズ＝ガタリは「平滑空間」と呼びました。かつて人類が定住をせずに狩猟採集をおこなっていた時代にはあらゆる土地が平滑空間でした。

現代ではどうでしょうか。地球上のすべての陸地がどこかの国の領土へと編入され、私有地ないしは公有地として区画されている現代においては、まったくの手つかずの平滑空間をみつけることは困難です。どこの国にも編入されていない南極大陸ですら、国際的な国家同士の取り決めとして「どこの国にも属さない陸地」として区画されています。

とはいえ、たとえば国境線をこえてサハラ砂漠を移動する遊牧民や、住宅地のどんな場所にも入り込んで「かくれんぼ」をする子どもたちにとって、区画された空間は意味をなしません。彼らが活動しているのはまさに平滑空間においてです。どれほど厳密に空間が区画化され条理化されていっても、平滑空間が出現する可能性はつねに残るのです。

同じことは陸地についてだけでなく海についてもいえます。

ここで海が非常に特殊な問題として考えられるべきだろう。なぜなら、海こそはすぐれて平滑空間でありながら、ますます厳しくなっていく条理化の要求にきわめて早くから直面してきたからである。この問題は陸に近いところで発生するものではない。反対に、海の条理化が行なわれたのは外洋航海においてであった。海洋空間は、天文学と地理学という二つの成果にもとづいて条理化された。星と太陽の正確な観察

の上に成立つ一連の計算によって得られる点と、経線と緯線、経度と緯度を交差させて既知もしくは未知の地域を囲む地図によって。（宇野邦一・豊崎光一ほか訳、河出文庫）

ドゥルーズ＝ガタリはここで「海こそはすぐれて平滑空間でありながら、ますます厳しくなっていく条理化の要求にきわめて早くから直面してきた」と述べています。なぜ「海こそはすぐれて平滑空間」であるのかといえば、それは陸地にくらべて海ではより境界線をひきにくいからです。たとえ境界線があったとしても、海では砂漠を移動する遊牧民のようにそれをこえて行動することが陸地より容易です。

事実、古代から現代まで、海賊は独自の活動圏を維持してきました。それだけ海は地上の権力が及びにくいということです。権力が及ばなければ、その権力によって維持される境界線もなりたちえません。国を分ける国境線にせよ、所有地を区分する境界線にせよ、境界線が維持されるということは、それを支える法秩序が維持されるということです。その法秩序が及ばない海という空間では、ながらく陸地とは異なる行動の様式、行動の論理が求められてきました。

しかしその海も、天文学や地理学が発達するにつれて、また外洋航海がさかんになるにつれて条理化されていきます。緯度と経度によって海上の位置が正確に定められるように

歴史を動かす原動力

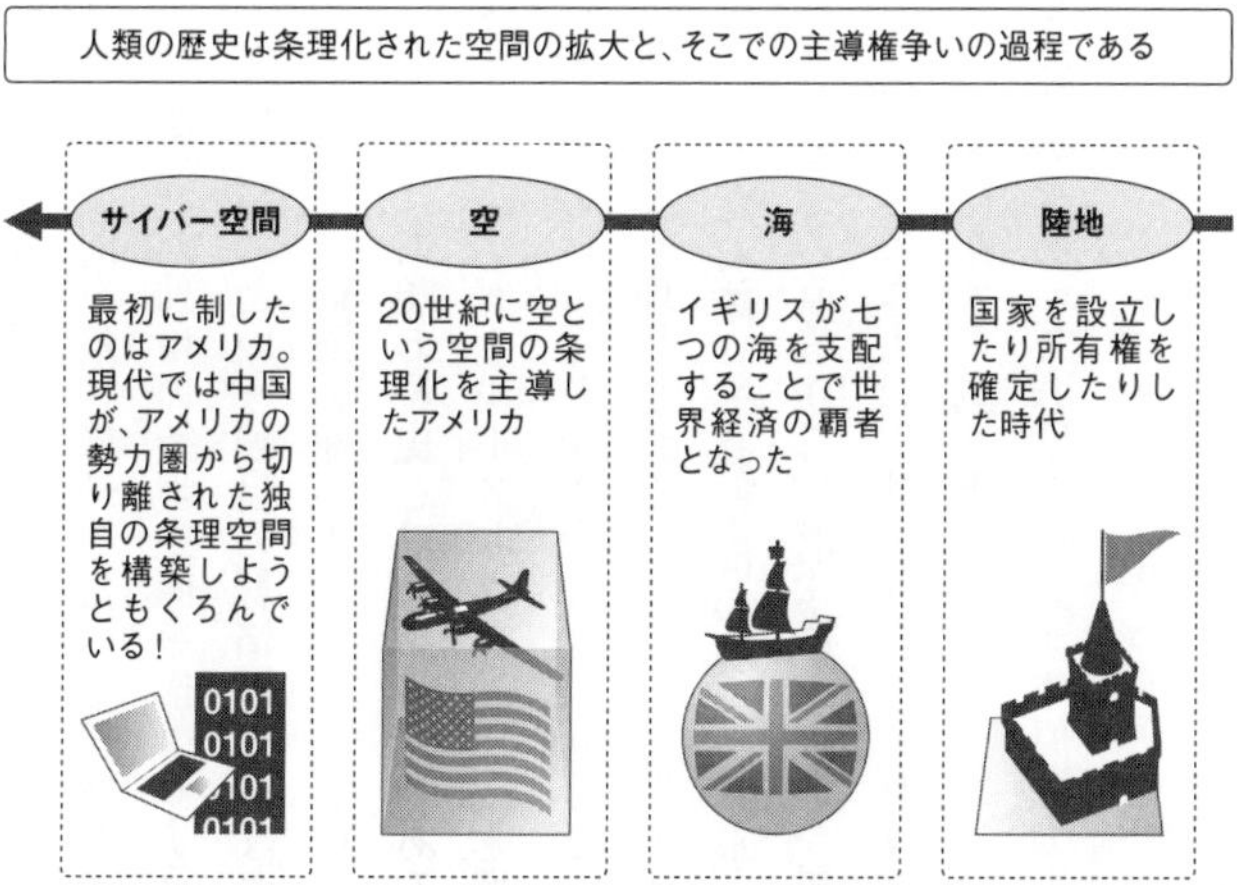

なり、またそれにもとづいて海上交通のルールもより広く、より厳格に適用されるようになっていきました。海もまた陸地と同じように条理化され、地上の権力によって秩序づけられる空間になったのです。そして、かつてのイギリスが七つの海を支配することで世界経済の覇者となったように、海上交通のルールを支配することは（すなわち海の条理化の主導者となることは）経済的な覇者となるための不可欠な要素となったのです。

以上のことはもちろん、空という空間やサイバー空間についてもいえます。二〇世紀に空という空間の条理化を主導したのはアメリカでした。戦後におけるアメリカの覇権は、空の条理化でアメリカが主導権を握ったこととけっして切り離せません。
サイバー空間を最初に制したのもアメリカです。現代では中国が、アメリカの勢力圏から切り離された独自の条理空間を構築しようともくろんでいます。中国がユーラシア大陸に「一帯一路」という独自の経済圏をつくりあげようとしたり、自国のサイバー空間からアメリカのＩＴ企業を締め出したりしているのは、その具体的なあらわれです。

　このように人類の歴史とは、条理化された空間の拡大とそこでの主導権争いの過程にほかなりません。ドゥルーズ＝ガタリが「条理空間」と「平滑空間」という二つの空間概念を提起したのは、それをもとに歴史のダイナミズムをとらえるためでした。

　空間は一度条理化されたらそれで終わりというものではありません。たとえば潜水艦の出現はいったん確立された海の条理化を無効化し、海に新たな平滑空間を出現させました。そしてその直後から、潜水艦の位置や動きを捕捉することで海という空間を再条理化しようという動きもはじまりました。いまだ発展途上にあるサイバー空間では、セキュリティの壁を防衛する動きと破る動きとがたえずせめぎあっています。空間活用をめぐるそうしたせめぎあいこそ歴史を動かす原動力なのです。

おわりに

私が哲学の世界に身を置くようになってから強く感じていることがあります。それは、日本の人文思想界（哲学もそこに含まれます）は意外と同調圧力が強い世界だということです。

これは学説上の議論にかんしても、あるいは政治的な意見にかんしても当てはまります。みな、他人と違うことを主張して恥をかいたり批判されたりしたくない、と本気で恐れているのではないかと疑ってしまうぐらい、ある部分では画一的です。そしてその画一性は思考停止をもたらしています。

たとえば最近まで日本の人文思想界ではヘーゲルが――その著作をまともに読んだことのない人たちからさえ――敵視されていました。人文思想界では他者の問題を論じておけばなんとなく格好がつく、というのもその典型例です。

本来は、こうした思考上の同調圧力から自由になることが哲学を学ぶ意義であるはずです。しかし現実には、哲学そのものがその同調圧力の材料になってしまっています。もちろん、思考上の同調圧力から自由になることは決して容易ではありません。そのためには厳密かつ明晰に考えることが必要になりますし、知的勇気をもつことも必要になります。

風評に惑わされずにみずからの頭で哲学者の著作を読むことも、そうした同調圧力と思考停止から自由になることを助けてくれるはずです。本書のコンセプトの一つがここにあります。

本書の成立過程を簡単に説明しておきましょう。

本書のもとになったのは月刊誌『サイゾー』での連載です。その連載では、まず私が『サイゾー』編集長の岩崎貴久氏と構成を担当した橋富政彦氏に対して、引用する哲学者の文章を提示しながら、そこで何が論じられているのかを口頭で説明するという作業をその都度おこないました。岩崎氏と橋富氏は哲学にかんして何か特別な教育を受けた人たちではありません。その二人が無理なく理解できるように哲学者の文章を解説することが、その場での重要な課題でした。そして、そこでなされた私の説明を橋富氏が文章にまとめてくださり、私はそれを参考にしながら一から原稿を書き下ろす、という仕方で連載は進められました。本書の内容が初学者にとって少しでもわかりやすいものになっているとすれば、それは岩崎氏と橋富氏の協力のおかげです。この場を借りてお礼申し上げます。
本書の編集を担当してくださったのはNHK出版の加藤剛氏です。加藤氏は連載を一冊の本にまとめるためにさまざまな提案をしてくださり、全体の構成から細部の修正にいたるまで、多くの助言とサポートを注いでくださいました。その仕事ぶりは丁寧でとても確かなものでした。心から感謝申し上げます。

二〇二〇年八月

萱野稔人

本書は、月刊誌『サイゾー』の二〇一四年三月号から二〇一八年一〇月号まで掲載された「哲学者・萱野稔人の『〝超〟哲学入門』」の連載に加筆し、再構成したものです。

編集協力　湯沢寿久
図版作成　小林惑名
校閲　西田節夫
DTP　山田孝之

萱野稔人 かやの・としひと
1970年愛知県生まれ。哲学者。津田塾大学教授。
パリ第十大学大学院哲学科博士課程修了。博士(哲学)。
著書に『国家とはなにか』『新・現代思想講義 ナショナリズムは悪なのか』
『成長なき時代のナショナリズム』『死刑 その哲学的考察』
『哲学はなぜ役に立つのか?』
『社会のしくみが手に取るようにわかる哲学入門』
『NHK「100分de名著」ブックス カント 永遠平和のために』など多数。

NHK出版新書 633
名著ではじめる哲学入門
2020年9月10日　第1刷発行

著者 萱野稔人
発行者 森永公紀
発行所 NHK出版
〒150-8081東京都渋谷区宇田川町41-1
電話 (0570) 009-321(問い合わせ) (0570) 000-321(注文)
https://www.nhk-book.co.jp (ホームページ)
振替 00110-1-49701

ブックデザイン albireo
印刷 新藤慶昌堂・近代美術
製本 藤田製本

落丁・乱丁本はお取り替えいたします。定価はカバーに表示してあります。
Printed in Japan ISBN978-4-14-088633-5 C0210

NHK出版新書好評既刊

教育格差の経済学
何が子どもの将来を決めるのか

橘木俊詔

何が教育格差を生み出すのか。所得の影響、保育園と幼稚園の差、塾の効果などを、格差研究の第一人者がコストとリターンの観点から徹底分析！

631

人類の選択
「ポスト・コロナ」を世界史で解く

佐藤 優

コロナ禍を歴史的に分析し、国際情勢と日本の未来を展望。複数の選択肢に揺れるコロナ後の世界と人間の生き方に確固たる指針を示す！

632

名著ではじめる哲学入門

萱野稔人

哲学とは何か。アリストテレスで「人間」の本質を抉り、ハイデガーで「存在」の意味を知る。複雑化する世界を新視点で捉える実践的学び直しの書。

633

イノベーションはいかに起こすか
ＡＩ・ＩｏＴ時代の社会革新

坂村 健

日本よ「変わる勇気」を持て。世界に先駆けＩｏＴのコンセプトを提唱した稀代のコンピューター学者が、私たちの社会の進むべき道を指し示す。

634

マルクス・ガブリエル 危機の時代を語る

丸山俊一
＋ＮＨＫ「欲望の時代の哲学」制作班

人気番組のニューヨーク編から、大反響だった「ガブリエルと知の最前線５人との対話」をまるごと書籍化！コロナ直後の緊急インタビューも収載！

635